JN410226

생각, 샤워하다

형상시인선 18

생각, 샤워하다

박춘남 시집

북랜드

自序

숱 많은 거울의 생각에서
어느 곁가지를 잘라내야
주지主枝를 꼿꼿이 세울 수 있을까

꽃대를 잘라 버리면 아마추어
꽃을 잘라 버리면 절망
하찮아 떨궈내던 이파리를
묘비의 글씨로 새겨 넣는다

뭉텅뭉텅 잘려진 형상形象들을 품어
갈증이던 미용실 오후의 바닥
덩어리는 남기고 낱 것들은 밀려다닌다

자를 것 단번에 잘라내고서도
온전히 하루를 마감하는 미용사
그는 프로였으므로
거울에게 묻는다, 꽃가위에게 묻는다

너, 언제 저리 될래?

차례

2부 길 밖의 길

3부 파랑 연서

4부 지금은 몽유할 때

1부

꽃의 진술서

소꿉 살다

저녁 밥상머리 바다를 앉혀두고
신접살림 겸상은 질푸르다

눈알만 남은 내가 흘겨보는 줄도 모른 채
속없이 밥상에 오른 바다는
출렁거릴 생각에 급급

그가 뜨는 밥술에
엎어지듯 냉큼
젓가락인 나는, 가시를 발린다

애꿎게도 단번에 넘어진 파도는
애호박 썰어 넣은 된장찌개에 첨벙
배 가르고도 빳빳한
멸치 떼도 따라서 첨벙

떠오를 줄만 알았지
가라앉을 줄 모르는
용왕님도 덩달아 붉힌 얼굴이다

생강나무 아래서

솜털 자궁 속 툭툭 터트린 양수는
봄이 와르르 쏟아지는
혼미한 색깔이다

저 조산의 산통을
겉옷 벗어 가려주려는데
생강나무 설레설레 손 흔든다

산통도 그리움이 될 날 있을 테니
그대로 놔두고 갈 길 가라 한다

봄비 오는 날
생강나무 꽃차를 다리는데
퇴근 길 지하철에서 잠깐 비틀거리던 나를
부축해 준 만삭 여자의 살 냄새였다

쾌속으로 질주하는 봄에게
코끝을 베였다

사문진 나루터

옛 물길 둘러 온 낙동강
다산댁 행주치마 빠트린 금호강
두 강이 만나는 곳에
사문진 나루터 있다

막걸리 두어 사발에
팽나무 아랫도리 진 데를 디딜세라
산아래꺼정 마중 나오던 꽃가지
어긔야 어강도리 아으 다롱디리*

일몰에 말은 쇠고기 국밥
콧등 낮은 주모마저 데리고 떠나
빈 주막 더는 내외할 것 없다

열매 풍성한 모감주나무 아래
젊어 보부상으로 떠돌던 나
행색 초라한 시월로 돌아와
등줄기 늘어지게 누웠다

* 정읍사; 백제가요, 행상 나간 남편의 밤길을 염려하는 아내의 애절한 마음을 노래함

밤 유감

삶은 밤을 깨물었더니
벌레 허리가 두 동강 났다
그러니까 너도 삼켰다는 거지
달콤하게 잠자다 익은 벌레 반쪽을
우리가 나누어 베어 물었다는 것
가시 궁궐 안 심처에서부터
노란 속살을 수유해 키운 벌레
그러니까 그게 밤과 다를 바 없다
한평생의 밤과 벌레의 반생을
나와 당신은 파먹은 것이다
밤을 먹은 벌레나
벌레 먹은 밤을 먹은 나나
찔끔, 억울하지 않게 건너는 가을
두텁게 감싼 나의 외투를
당신의 앞니는 화들짝 깨물어
알몸이 달콤해진 밤
제대로 밤 한 번 까고 싶다

민둥산 이야기

품어 키운 목재가 없으니
나는 민둥산이다

뜨거웠던 돌 밭둑
자라던 곤드레도
허기진 밥상을 밀쳤으니
나는 그저 그런 민둥산이다

밋밋한 젖가슴, 까만 꼭대기에서
구엽초 밑동에 잿물 물리고 기다리는데
돌아앉은 봄

아랫마을 장터를 서성대는
봄은 여전히 멀기만 하다

지난해 태운 억새에서
달려오는 말울음
먼 타지의 사람들이 한 무리 몰려왔다 가도
혼불 자욱 덮인 산에는
억새만 있는 것이 아니다

>

길 잃은 한 여자
지난날 이곳에 들어
괭이질밖에 모르는 남자의 아이를
다문다문 키웠겠다

미완의 봄

'물 반 고기 반' 도다리 수족관에
눈꺼풀 무거운 느티나무 그림자 들었다

첫 손님으로 막 들어선 사월
일층 상가 유리벽 안쪽 휑한 홀이
햇살의 옷자락이 졸음을 붙잡는다

강 둔치 양쪽엔 들풀 반 쑥 반
벽에 걸어둔 대나무 무늬 가운 쑥처럼 웃자라지 못하고
골목 안 횟집 포갠 방석은
며칠 전 누군가 누르고 간 엉덩이 자국이다

숱한 사연 날 선 칼로 회를 떠
행과 불행의 접시에 나눠 담았다 하나
살아온 날로 치면
접시에 반밖에 채울 수 없는 웃음이니
결코 수지맞는 장사는 아득한 옛일
한쪽으로 기운 출입구 입간판 곁에서
담배 피워 문 류사장 입가에
도다리쑥국 향기 번질 날은 언제쯤일까

>
수족관의 몇 안 되는 도다리로
'물 반 고기 반'을 꿈 꿨다고는 하나
봄은 아직 차가운 금고의 바닥

홑이불 지폐가 펄럭인다

동피랑

골목길에서 핀 아지랑이가
몰아 쉰 숨을 끝으로
안창 집 올려다본다

담벼락에다 말리는 바닷말에서
수심愁心 깊은 사람들이
흔들리는 남해를 건져 말린다

짠 눈물 말라가는 바람벽
올려다보는 뱃사람 중에는 설핏
머문다는 것을 좌초坐礁라고 알아들어
또 다른 물꼬 터 되돌아 나갈 꿈에
집의 빨래는 출항의 깃발 같다

움직이는 부표浮漂 이젠 돌아가 쉬고 싶은 집
바닷길이든 우리 사는 길이든
굽이굽이 곡선인 것을
모든 인생 지도에 닿아 있다는 것을
알고 있었다, 통영은

>

게딱지 집 꾸덕꾸덕 말라가는 나른한 벼랑 끝
내려다보는 바닷속에도
돌아가지 못한 노 젓던 힘줄들
불끈불끈 톳으로 돋는다

도다리쑥국

환절기에
감기가 쑤셔대는 것은
유년의 입맛이다
처방전 깔고 누운 어린 나를
당겼다가 밀쳤다 하던 커다란 붉은 손은
천정에 매달려 있었다
모지락스럽게 써 내려가던 그림일기
쿨럭이던 대목에서 끊어지고
머리맡에 밀쳐 둔 방학숙제에서
헛바늘이 돋았다
얘야, 뭐라도 좀 먹어야지
덜거덕거리는 환청에서
어머니, 숟가락으로 죽을 뜨셨다
아무런 맛도 없는 것을
밥맛이라 했던가
마른기침 풀썩대며 돌아눕는 봄날
제철은커녕
한 톨 밥맛조차 일지 않는
도다리쑥국
나, 입맛이 무안하다

퇴임 후

촘촘한 땀 새가 노루발로 누벼졌어도
내게 남은 것은 홀가분이다
편해지려니 여겼던 넉넉한 품
헐렁해서 되려 불편하다
시간의 시침질이 기운 느슨한 일상
시접 솔기가 주는 예측 못 한 품새에
가볍게 날개 솟는 겨울 코트

남은 날을 다문다문 홈질하러
수선집으로 간다

작년에 입었던 겨울 코트
짓누르던 삼십 년 박음질
이젠 어깨가 너무 크다

당신의 바다

어머니의 바다는 제주 바다
해삼 전복 따 귀히 모은 망사리 속에 있었다
큰 배 태워 뭍으로 보내고 싶은 육 남매도
오롯이 거기에 담겨 있었다
해초처럼 발목 감는 가난에 늘 목마르게 출렁이던
산다는 것은 자멱질이라며 어머니는
어설픈 태왁으로 밀려드는 풍랑의 바다에
시시때때로 들곤 하였다
그려, 그런 것이야
숨비소리 데리고 수심 깊은 곳에서 어머니는
사는 것에 이골 난 막내며느리를 지켜보고 계실까
나는 비행기를 타고 하늘을 오르는데
아래는 고스란히 남빛
하늘과 바다는 빛으로 닮아있다
나를 이고 맨발로 갯바위를 건너는
물질하다 버려둬 미끈덩한 어머니의 바다
바닷물 속에 온갖 힘 쏟아 놓고도
함부로 헛디딜 수 없는 바다
그렁한 눈물에 망사리가 무겁다

낮과 밤사이

어두워지면 무릎 당겨 얼굴 파묻는
금잔화, 네게 말했잖아
손톱 물어뜯으며 말했잖아
네가 나에게
내가 너에게
많이 사랑한다고 말하지 말고
충분히 사랑한다고 말하라고
금잔화 얼굴 감춘 채 흐느낌으로 말했잖아
뜨거운 태양 아래서 자신만만한
네 사랑, 집착까지도 포함한 값
해 지고 밀려오는 밤의 실망엔
그 많다던 네 사랑이 얻어낸
저 비애의 꽃말을
난 지우고 싶었으니

금잔화, 이젠 뭐라 말해줄까
누군가를 온전히 마시려는
금빛 잔을 준비해 놓을게
모자람과 넘침은 따지지 않아야겠지
충분히 란, 말 없는 마음 하나
그거면 되지 않을까

꽃잎 풍장

꽃 틀 사진 속 오십 중반의 나이
무리의 객이 내뱉는
궁색한 낱말에는 개의치 않고
웃는 여자가 웃는다

만발한 대국 한 송이 들고
어정쩡 웃음을 들여다보던 나는
사진 속 그녀의 눈길이 머무는 곳 살펴보니
퍼질러 앉은 사내가 육개장을
두 그릇째 비우고 있다

죽은 애인을 조문 온 그 남자가
함께했던 산행을 자랑처럼 내려놓는데
내가 그녀가 아니라서 참 다행이라는
여태 살면서 차려보지 못한 잇속이
부의금 앞에서 꿈틀댄다

안쓰럽게 봐 달라는 듯 표정 짓는
죽은 여자의 애인 이마에
더 이상 만개일 수 없어

허물어진 국화 꽃잎 몇 개를
풍장처럼 달아주고 싶다

내 친한 친구의 여고 동창인 그녀
내 친구가 아니라서 또 다행

별을 볶다

검은 프라이팬에 은빛별을 볶는다

중국 네이멍구 모래알같이 많은 별
한 됫박 퍼다가 흔들어 씻으면
네게 있어 나란, 가벼운 존재였나
팬의 예열로 물기 걷혀갈 때면
더욱 빛나는 낱알

반짝인다는 것은
너와의 거리가 까무룩 멀기 때문
알몸이 익어갈수록
톡톡 불거지는 그리움

지상에서 잊힌 너를 볶아서
애증마저 비틀어 기름을 짜볼까
한 번도 가 닿은 적 없는 수수꽃다리 네게
고소한 냄새로나 스며볼까

잘 볶인 별은, 다시금
담 너머 설원에 고명으로 뿌려지고

더는 눈 안에 별을 담을 수 없어
자근자근 낱알의 별을
어금니로 씹는다

꽃의 진술서

브룬펠지어 자스민 가지로 똬리를 틀어
새장 같은 그곳에 침묵을 가둔다

침묵은 농염한 보랏빛
말수를 아낀 만치 꽃은 농염한 보랏빛
진보라로 터져 이국의 농원으로 실려 왔으니
넌 난민인 게지

꼭 다문 주먹이 다섯 손가락을 펼 때면
외로움은 멀리까지도 독설을 날리겠지

나이 들어 피고 지는 일이 다 쓸쓸해졌을 때
네 봄의 뒤안은 낯선 새벽
아무도 몰래 소복을 갈아입는 곳

향기와 몸빛의 진술에는
무언을 터득한 길지 않은 생이 들어있으려나

나를 바라보는 그대 또한 먹먹하겠다
아픔처럼 번지는 침묵이라면
붉은 벽돌에 이마를 찧어도 봐
브룬펠지어 향기 물씬할 거야

배경을 봐줘

우쭐한 내 모습 뒤편에 목 잘린 가로등 찍혔다

오타루 운하 배경 독사진을
으스름 뉘어진 저녁 강물에서 열어보다가
빛으로나마 시간을 저울질했을
애석한 밑동 가로등을 발길질하고 말았다

굳이 실체가 아니라도 애절한
다만 소리로든 혹은 빛으로든
배경이 되어버린 존재들은 하나같이 어설퍼
알고 보면 그들이 세상을 밝힌다고는 볼 수 없지

나, 밑동만 남은 자존감으로 가스등의 배경을
넘치는 웃음으로 젖 물리고 있었으니
거기가 오타루 운하인가
아마도 아닐 것이라는 그냥 쓸쓸한 눈발이라는 비아냥
불빛에 가로등의 배경은 쓱싹 문드러지고 있었다
볼 것 없으면 배경이라도 봐줘
이 나쁜 놈아

사진 밖, 눈발은 어느새
가로등의 배경이 되는 거였다

묵집의 시간

부녀가 즐겨 찾던 메밀묵집에서
묵밥을 드시는 내내 아버지는
세 번이나 되풀이하면서도
토씨 하나 틀리지 않는 감탄사
뭔데 이리 맛나냐, 생전 처음 먹어 본다 하신다

팔순에 다섯 해 더 보태진 둥근 대접 속
토막토막 썰려진 아버지의 시간이
묵밥 후루룩 잘도 넘어가던 내 목구멍을 막는다

두 해 전부터 시계視界가 심상찮다 싶더니
오락가락 내달리는 아버지의 인생시계
문턱 닳은 묵집, 나이테 깊은 탁자에 앉아서도
운전병, 허기진 스무 살의 핸들을 돌린다

시간을 운전하는 아버지
포화 속 고갯길 저속 기어로 스멀스멀
시곗바늘 같은 내 수저에 걸터앉아
매콤한 속을 넘겨다보고 계신다

>
뭔데 이리 맛나냐, 생전 처음 먹어 본다
빙빙 돌리시는 아버지의 묵대접은
어느새 커다란 상수리나무가 되더니
우르르 도토리를 쏟아낸다

그 도토리들
내가 흘려 방울진 눈물의 등을 툭툭 두드려
탁자의 나이테 속으로 밀어 넣는다

물칸나

여학교 화단 뒤편에라야 있음 직한 칸나
어둠살이 창가 항아리 수반에
반쯤 남은 수액 물관부로 서 있다

가시내 후끈한 가슴 헐자마자
소창직 개짐에 툭툭 놓인 꽃수
열다섯 이래 에스트로겐 서답은
달 아래 꽃물을 되풀어놓곤 했다

방짜유기 놋 냄새 같다거나
질겅질겅 귀찮다거나
촉감은 떠나고 지문만 남은 꽃

빈 꽃대가 애써 끌어 올리려는 수액을
꽃이었다는, 꽃이고 싶다는 생각으로
비끄러맬 순 없지만

이파리 반듯하게 펴는 밤
이불 털 듯 훌훌 털어서 널어놓는다

잎 넓은 프로게스트론만으로도
우린, 그런대로 싱그러운 여자다

2부

길 밖의 길

사랑니

좋아한다는 말을
즐겨 먹었군요

너무 달콤한 것은 통증을 유발하느니
여물지 못할 사랑은
일찌감치 뽑아버려야 하느니

새싹으로 돋을 그리움
애써 솜뭉치가 눌러둔다

쪽파

그렁그렁 아린 봄을
머리채 뽑혀 온 쪽파에서 본다

윗집 빌라 새댁
간밤 오지 않은 신랑 얄미워서
까나리 액젓에 한번 적셨더니
달려든 반나절 볕이 휘젓는 머리채

새댁의 알싸해야 할 신혼 맛이
쿨룩 사래 걸려서
뜨신 밥술에 축 늘어져야 할 쪽파
검은 머리 흰머리 주절주절 솟던 주례의 말씀이
양념 툴툴 털어낼 변명처럼 들린다

드문드문 아지랑이 피는 봄날
조신의 껍질 던지고 싶은, 새댁
잔뿌리의 억울함을
싹둑 자르고 있다

길 밖의 길

집 나선 길이
어설프게 가 닿으니
강정보다

저녁 어스름보다 먼저 도착해 있으면서
침묵의 아우성은
초록은 동색이라 한다

상처로 멍든 물은
바닥없는 슬픔에서
기우뚱거린다

깊고 깊게 들리는
사랑의 울림은 꿈속에서도
아픈 물소리였다

길이 아닌 길
길 밖의 물길이
이생 같다

>
길이 목을 죌 수도 있는
보에 이르고 보면
갇힌 수문을 열고 싶다

보일 듯 보이지 않는
이번 생과 다음 생의 경계는
왜 이리 희미한 걸까

오지 말걸 그랬나

기식寄食

바구미, 저 까뭇까뭇한 친숙들
가벼움은 낱알과 함께 떠올랐다

쌀 씻어 앉히는데 애가 더 끓는다
그 흔한 보호색도 갖추지 못한, 네가
내가 끓여낸 한솥밥을 먹겠다고
여비도 없이 찾아든 게 잘못이다

가뭄 든 논, 모에서 벼로 살기까지
흑백의 분명한 심사로 꼬였겠지
이젠 묵은쌀이 되어버린
어설픈 시간의 나락에서
넌 미물이다

하릴없이 밥상을 차려 바구미와의 겸상
그러고 보니, 나 꺼림칙함과도
사귈 나이가 되었나

차라리, 내가 기식寄食이다

굴레

앞가슴 단추 풀린 한라산이
눈치 없는 나를 불러
3월 뜻밖의 눈매를 친다
몸 흔드는 유채를 밀쳐 두었으나
내 성급함도
다시 아이젠을 채워야겠지
대피소 성판악에서 속밭에 이르기까지
식은땀은 등판을 지나왔다
나, 한 소식한 듯
진달래 구릉에 발 구르면
놀라 달아나는 흰 사슴
한라의 정상을 껑충 뛰어넘어
백두의 치마를 들추고 있다
산에서 산을 옮기려는 욕망에
모진 눈매로 얻어맞을 자리
머지않아 진달래 피겠지

2월

떠나며 할퀼 수 있어야
그게 제대로 된
연민이다

난, 겨우내 손톱을 길렀다

검불로 덮어 둔 그리움
어쩔 줄 몰라, 쑥

떠나는 너를 향해
손톱을 꺼내 보인다

동면의 막바지 땅속 생명들
움찔한다

포도밭 우화

맘껏, 당신은 막바지 햇살을 부풀려도 돼
나는 자줏빛 꽈리를 불거야

올여름은 마른장마
어쩌다 내린 비에서 별 냄새가 났으니
수재의연금 또 내도 좋아, 원천징수면 어때
잎사귀 양산 아래 몽글몽글 모여든
달콤함을 손톱으로 튕기고 싶어졌지

비의 냄새를 그리워하다
하늘 바지랑대에 넝쿨째 걸린 별
전동미싱으로 알알이 수놓아진
順伊의 봉투 속 17.8브릭스 당도는 최저임금

당신 오지 않는 비의 투덜거림에
내 몸 툭툭 터트리고 싶었어

한라봉 연가

한라산 봉우리를 닮았다고
이름 얻은 한라봉

그 배꼽 넌지시 누르면
훌훌 속을 열어 보이던 그녀가
요즘은 고민이다
짓궂은 바닷바람 덮칠 때마다
삼백 일 배꼽 부풀렸으나
제주 바닥 반질한 걸로 행세하는
천혜향 그녀가 나타난 뒤로
살결 벗기 부끄러워진 것이다
달콤한 족보 폰칸
시큼한 눈물 잘도 참아낸 청견
서로 껴안다 풍만한 가슴
혈통 다른 둘이 만나
한라에서 이룬 한라봉사랑
훌훌 벗는 천혜향 치마 앞에서
무뚝뚝한 여자가 되고 말았다

휴화산인 한라산

아직 몸 안쪽 뜨거운 그녀가
배꼽에 가둔 백록담에는
불 뿜는 이무기가 살고 있다

죽의 공식

영양가 순으로 혹은 맛 순으로
식재료 늘어놓고
대책 없는 수열의 수학문제 푼다

기말고사인 양
꼬박꼬박 다가오는 삼시 세끼
양파 파프리카 시금치 등등
우선 야채를 괄호 안에 묶어 놓고
잘 불린 찹쌀을 맨 앞에 가져와
하나씩 인수로 대입한다

양파 죽 파프리카 죽 시금치죽
너무 심심한 해답에 보태는 덧간

괄호에 갇힌 방정식 풀다 보면
시그마 행렬 앞에서 미적분 되는 인생
결국 되돌아간 곳이 0인 것을

내 일상 뭉긋하지 않게
참치 캔 하나 까서 더한 죽들은 알까

오지 않는 걸 알면서
기다림으로 씌우는 루트(√)

거리감 환산

셈법은 이 십진법
너와 나는 그래야 한다

문양역 출발해 반월당역으로 간다
약속 장소는 봉산육거리
도착할 지상철 너를 생각하며
거리를 측량해 본다

내가 한 정거장 다가가고 네가 한 정거장 달려오면
우리 사이 또박또박 좁혀지겠지
그런데 네가 어디쯤 오고 있는지
바라보이지 않는 굽은 길에서
환승지점까지 오기를
그저 마음 졸이며 나는 기다린다

바싹바싹 내 초조함은 너와의 거리에 포함된다
사람과 사람 사이 아득한 섬이 아니라
최단거리에 놓인 지하철이라면
주어진 역을 꼬박 더해보거나
혹은 남은 역을 제하면서

너를 만나러 가는 길은
견딜만하겠다

파푸아뉴기니 루파 족 숫자세기를 할 때
사용한다는 손가락과 발가락
지하철역 폭염 출구에서
발 동동 구르며 손가락 꼽고 있는
나도 그렇다

파김치

밖에서 늘어져 돌아온 그대에게
지친 밥상을 차려 낸다

김 오르는 밥 한 공기에
줄줄 딸려 나온 게, 고작
알몸에 시퍼런 머리채라니

일치감치 흙은 툴툴 털어내고
마른 가슴 더 마를까 봐
잘라버린 눈물 자리 뭉텅하다

억지로 세우던 소금기둥
이젠 무너져 내려도 좋아

머리끝부터 발끝까지
골고루 익어 간다는 것은
오래 두고 먹어도
그날그날 나름 맛있는
당신과 함께 산다는 것

직진을 만나다

생밤에서 기어 나온 벌레가
식탁 너머 환한 거실로 간다

몸 구부려 맞추는 보폭
너의 길은 애잔해서
삐걱대는 관절이 퇴행이란 걸 몰랐던
나, 무르팍으로 뒤따른다

애벌레 적으로 돌아갈 수 없을까
다가온 가을을 사려 넣은 관절
꾸부정해진 허리에 눈까지 흐릿하다

거스를 수도 물릴 수도 없는
밤 속 같은 시절로의 후진은
등 따시고 배부른 고민일 뿐

빛을 향해 기어가는 벌레는
일방통행을 꿈꾼다

제 무릎 닳는 것 언제쯤 알까

여우비

하늘을 손바닥으로 가릴 수 없어
검정 우산 덮어쓰고 가는데
죄의 안쪽이 눅눅했다

밖을 두드리던 7월, 당신은
젖은 뒤꿈치로 들어 올린다 해도
말라오는 꽃무늬 치마끈

해를 받쳐 드니 우산이 된 나는
이름을 양산으로 바꿔야 하나
팔각지붕 아래서 다시 화들짝
젖어드는 속살이여

검정 바탕에 어떤 수를 놓으면
당신은 여우를 그리워할까

상추꽃

좋아한다는 그 말
부드러운 잎 또옥 똑 따서
쌈 싸 먹은 지 오래

게을러 뽑지 못한 대에서
노란 꽃 핀다

이파리 너풀너풀 남발했으니
남은 건 갈증 아니었겠나

기다려 달라는 너의 당부에도
장마가 뿌리째 갈아엎어 주길
나는 기다렸다

꽃필 줄 몰랐던 네가
내게는 다시 온 봄처럼
환하다

새가슴

책들 빼곡히 들어와 살고 있는 책장에
읽지 않은 인연도 끼어있다
다 내다버릴 거야, 지르는 고함에
다급해진 그 인연들
눈물 같은 먼지를 떨군다

젊은 날엔 머리 채우느라
잠 못 들던 날도 있었지만
살아갈수록 가슴 채우기에 급급했음을 알아
언젠가부터는 나, 비워지길 꿈꾼다
새털 같은 머리로 살 수는 없을까

황망히 내쫓길 저 책들도
알고 보면 내가 삼킨 납덩이들
책이 떠난 자리에 남겨둬야 할 것은
어쩌면, 미끄러운 내 손이 떨어뜨린
그래서 모서리 생겨난 사기접시 몇 개

울화통 끓던 속병 탓에
방심이 남긴 흔적

어느새 이 빠진 사기접시 같은 일상
빈 책장은 나의 자서전이다

소설 포지션

1

오늘의 요리 검색 1위 레시피 김치찌개엔 돼지 목살이 최고란다

때가 되었는데 뭘 먹어야 하나
너의 정체성이 흔들리기 시작한다

김치가 되기까지는 그게 네 소명이라 여겼는데
손쉽다고 걸핏하면 끓여대는 찌개, 넌 적잖은 부아다

입춘立春 지나 속내 툴툴 털리고 나면
남는 건 시큼한 몸뚱이뿐인 너의 젠더는 뭘까

2

밭에서 냉장고까지 농익은 시간의 맛이
네가 꿈꾸는 아이덴티티라면
잠시 더 뭉긋 고아진들 어떠하랴
허기진 저녁 밥상에 한 보시기 위안으로 오를 너의 자아
주연과 조연이 바뀐 해프닝, 이런 상실감을 어찌할까

>

끓는 냄비 넘치듯 열어젖히고 돌아가고픈
고랑은 네 본향, 처서處暑 지나 새싹 돋던 푸름이 그립다고
네 이미 절인 가슴을 찢어댄다
그래도 정 많은 너, 찢긴 김에 못 이기는 척
한술 뜨신 밥 위에 투신한다

3

너, 떠날 채비할 우수雨水 날엔
맑은 전이나 부쳐 한잔해, 우리

'오후의 마카롱 모카 케이크'

슬금 자르자, 드러난 단면

기초 설계는
이스트 공법에 의한 거푸집 짓기다
계란 흰자와 박력분 입자 사이를
촘촘히 묶어 줄 배근은 버터가 좋다
1단 축하용 비계를 매지 않아도
측면 크림 벽 작업 문제없다
층과 층 사이 소음 방지를 위해
듬뿍 쏴야 할 모카 시트 타설
원형지붕마저 시럽을 뒤집어쓰고
양생의 시간을 기다리는 동안
마카롱 몰딩은 알록달록 꿈을 꾼다
P제과 로고, 마감을 알리는 종탑 아래
둘러앉힌 촛불은 연동식 배선이다
사는 동안 결로 따위는
누군가의 칼질에 흘릴 기쁨의 누수다
입으로 부는 어떤 바람에도 끄떡없길 바라며

그렇게 뜨거운 내 혀가 닿은 뒤

너의 生은 무슨 맛
나의 生은 무슨 맛
목구멍은 위태로워서 낡아진 배관이다

부채꼴로 나눠져 접시에 담긴다
내 달콤은 이제야 시원해졌다

3부

파랑 연서

꽃샘추위 1

몹시 기다렸다는 것만으로
아무런 표시등을 켜지 않아도 좋다

서성대던 3월이 주행선을 넘어 할퀴고 가니
피할 수 없었던 쌍방과실이라 우겨대도
나름 죄의 몫을 이 할이라 주장하는 너

내 죄는 결국 피하려는 봄에게
와르르 달려들었다는 것

바람이 꼭꼭 씹은 3월의 옆구리
길목으로 돌진한 내 죄의 몫은 팔 할
봄은 거기서 펜으로 쓴 편지 잉크 빛으로 말라 간다
봄은 말라서 또 봄을 건너간다

다가온 봄은 언제나 사각지대
첫사랑 또한 그러했으므로
내 눈에 주행선은 분홍
언제나 캄캄하다

꽃샘추위 2

거품 꽃 시간 속에서
흰 얼굴 아이가
얼음 땡 놀이 한다

통통통 건너 온 봄은
매화반 교실에 와서 시간 통이다

뒷벽에서 혼절한 바람이
등 떠미는 시간 이동
교실은 술래의 양성소다

떠났던 아이 흙 밀치고
파릇한 꽃망울로 돌아와
교감신경에서 부교감신경으로
꽃은 핀다

땡땡땡
온 우주가 아프다

파랑 연서戀書

오랫동안 기다렸다고, 뭉클한 심장 엄마에게
파랑 옷을 지어 입히고 싶다
인디고 염료 공은 온몸으로 비를 기다려
마디풀 잎사귀에서 쪽빛 하늘을 연다고 한다
모르포나비는 천금석이 견뎌 낸 시간의 비늘만큼
생의 절반을 기다려
파랑 날개를 단다고 한다
빛과 바람과 비를 기다릴 줄 아는 색깔이 파랑이라는데
어제는 나무 속에 언약의 청동화살을 박아 넣었으니
이제 산화의 빛깔을 구름에게 빌려와
천 년 전에도 나의 엄마였을 당신에게
순결의 물빛인 듯 정수리에 부어주고 싶다
잠 못 이루는 심장에 찔려
보고픔이 뼛속까지 출렁거렸음을
나무의 우듬지가 성난 뿔처럼 솟구쳐 오를 때
구름 위의 하늘에게 되돌려 줄 내 피를
당신은 파랑이라고 춤으로 보여줄까
찔리며 밟은 새벽의 풀 포기에도
발의 파란 사랑을 수혈하고 싶다

무無 밭

어린 무를 호미가 찍었다

주르르 흐르는 진물
그걸 장마의 흔적이라 나는 우겼다

여린 가슴을 함부로 후벼 판
그날 이후 무밭에는
연민의 껍데기가 봉긋하게 자라났다

장마 지나 더 무성해진 텃밭
무들은 무럭무럭 자라나서
뽑혀질 날이 되었다

익혀둔 거리의 분별법
자루와 호미날 간극에서
나는 무였다

무성한 풀더미 속에서
노안으로 시야가 더 흐려진다 해도
無, 맑은 새싹 골라내야 할 눈

동태凍太

좌판대 아주머니 애꿎은 난타 공연에
화요 장터는 팔뚝이 굵어졌다

몸통에 칼을 꽂고도 모자라
칼등을 내려치는 망치에서
동태는 여섯 토막이 났다

그녀가 토막 내는 것은 어쩌면 동태가 아닐는지도 모른다

반에서 일등 하던 중3 아들
한 문제만 더 맞췄어도 좋았을
부호 잘못 보고 사칙연산 풀다가
놓쳐버린 장학금에 관한 문제일까
그것도 아니다

생선의 비린 내장 튈까 봐 장화로 갈아 신으며
벗어놓은 새로 산 어그 부츠
난전 어슬렁거리는 저놈의 개새끼가 물어뜯은
너덜한 분함도 아니다

>
단지 그녀가
칼날을 꽂고 두드리는 망치 아래서
꽁꽁 언 도마 위에 드러누운 동태
비명 지르지 못하는
자신을 내려친 게 아닐까

간간 내려오는 겨울 햇살에
애꿎은 칼등만 더 아프다

꿰다

이것저것 꿰다가 연휴까지 꿴
화원. 고령. 해인사. 거창. 함안. 지리산TG
꿰려는 나나 꿰이는 너나
슬금슬금 황금냄새가 난다

더듬어 꿰고 꿰며 달리다 보니
식성 좋은 나의 내비게이션도
겁 없이 동자개를 삼켰다
가시에 찔린 왜가리 목청이다

산과 산을 즐비한 다릿발로 꿰고도
얼마 전 확장된 팔팔 고속도로는
산적꼬지처럼 가야산을 꿴다
너도 나를 꿰고 나도 너를 꿰며 걷다 보니
어느새 다다른 인월 황매암
절집 담장보다 높은 곳의 연등도
줄에 꿰어 천왕봉 머리맡에 떠 있으니
아니 그리워할 수 없는 부처의 탯줄

중생들 각각 색깔 다른 바람줄 두른 탑

꿰인 소원지마다 총총히 달빛이 꿰이고, 소원이 꿰이고
굴러온 사람들 일탈도 꿰인다

내려놓지 못한 일상
그 똥냄새의 진입로가
노곤한 염주 구멍인 듯
색 바랜 황금 매듭을 묶는다

달집태우기

땅의 어둠을 한 곳에 끌어모아
태운 불꽃 하늘로 올린다

잎사귀만큼은 풍만하던 대나무들
하늘 쓸던 열망을 모아 세워
새끼줄로 불끈 묶은 달집
허리춤에 매단 소원지들은
비 온 뒤 죽순을 닮았다
솜방망이에 담긴 염원에
빈 속 마다 지르는 비명
물, 불, 바람이 낳은 세상 고난일랑
한 톨 남김없이 거두어 가달라
풍악에 맞춰 내려올 달을 부른다
갑오년엔 숫제 드러누웠다는
과수댁 눌 삼재 돼지띠 아들
실직이 건넨 무기력의 발등에도
뜸의 불탑이 얹힌다

감응이여, 불티같은 발걸음으로 왕림하라

나무, 수직일탈을 꿈꾸다

풍경화, 너의 구도가 수평이라면
나는 수직 나무로 서 있을 거야
해마다 키는 한 뼘씩 자라서
머리 위 액자의 틀 밀어 올릴 거야
덩달아 몸통도 굵어 가겠지
살비듬 뚝뚝 떨어뜨려 추운 발등 덮을 거야
지나는 개미가 균형을 걷어찼다 말하지만
상승의 발뒤꿈치 들어 올리고 싶은 걸 어쩌겠어
이웃들 꽃피우고 바람 부는 날엔
밑동 싹둑 베어져 고택의 기둥이 될 거야
아니면 별당 연못가 정자 대들보 되어
피리의 연가 초대장으로
눈 내리는 날 새 떼와 함께 울 거야
수직의 아랫목에서 묵묵히 피어나는 건국신화
알 같은 무덤들 품어줄 거야
수직이 그냥 수직일 수 없어
가끔은 동글동글 열매도 달 거야
본시 밀림의 오래된 나무들은
톱날 없이도 쓰러져 누워 평평해진다잖아
나 평지로 돌아갈 날 위해
몸 안에 자글거리는 벌레를 키울 거야

기다림을 걸다

해마다 한 개의 가지가 솟구쳐 나온
뒷산 물푸레나무를 베어다가
윗목 옷걸이로 세워두었더니
사철 내내 전화벨 소리 들려준다

맨 위에 걸린 여름모자는
형광등 불빛이 해수욕장 태양빛이라도 되는 듯
훌훌 옷 벗는 나를 보고 싶다 한다

눈발 속에서 꺾어온 동백 한 가지 걸어두면
나비 리본으로 묶여 있던 머리띠가
눈발 속으로 끊임없이 날개를 펼치려 한다

사랑은 머리로 하는 게 아니라
토막 난 가슴 층층이 쌓아
등걸로 버티는 거라고 알려주는 물푸레나무

쨍쨍하던 햇빛 아래서도 그늘을 주고
한 가지 꺾어 물에 풀면
파랗게 떠나가던 그대마저도 다시 돌아와

내게 푸른 코트를 걸어 두려 한다

늦도록, 어쩌면 끝내 돌아오지 않을 바람이
윗목 물푸레나무 옷걸이 앞에서
그리운 노래를 목청껏 부르고 있다

구업口業

수미산 오르는 길 초입부터
한 솥에서 익은 옥수수가
막힌 길을 줄줄이 기어가고 있군요

바람 안고 불 먹은 무쇠솥에서
파는 옥수수 한 봉지씩 받아 든 사람들
치석처럼 핀 말믐의 껍질을 벗기고
꼭꼭 박힌 알들을
이빨로 허물더군요

이제 막 붓기를 마름질한 잇몸
꽃수로 놓은 참말을 그리워한 탓에
산 아래 마을은 치통의 세계죠

생채기 난 마음에 알보칠을 바른 나는
멈출 수 없는 당신의 바람기가 끝나면
나머지 형刑은 덜커덕 틀니를 채운다

본시 바람을 안은 죄로
대궁에 생겨난 옥수수 알갱이들

무쇠솥에 머무는 것은 잠깐이더군요

입안에서 염불과 머물다 뱉어진 말들
말갛게 씻긴 뒤 산비탈을 내려와
각자의 우주에 들더군요

꽃차茶

활짝 피었다거나, 아직 벙글지 못했다는
너의 몸을 눈짐작으로 먼저 훑는다

눈발 되어 쌓인 초여름을 소쿠리에 가두었으나
이제 나 너를 소금물에 씻겨 채반에 뉠 차례

사랑한다 사랑하지 않는다 또 사랑한다
잎사귀 무성하던 옛 노래도 넌 기억해 줘야 해

속곳 벗긴 부끄러움 설핏 데쳐내고 나니
너의 꼬투리는 아직 연두다

품위로 남길 자태를 건조기로 말려내니
너로 인해 눈물 많던 내가 보인다

애 달군 덖음이 있어 우리는 뿔뿔이 흩어져
꼬들꼬들 말라갈 날 기다리는 것이지

살아가는 데 무슨 이유가 있겠어
우리 약속 세상 밖으로 택배 보내고 나면
찻물에 담긴 우리는 천천히 우려지면서
다시 훙건한 향기가 되는 거지

그것, 참

헛디뎌 삐끗한 발목으로
신호등 바뀌기를 기다린다

나무들 후다닥 잎을 떨궈내는 나무들
발등에 와 부딪히는 가을이 그나마 다행이다

비명 같은 나뭇잎 몇 주워 들고
껌뻑이는 파란불 건넌다

빨간불에는 잎을 내려놓지 않는 나무들
그것, 참

중년의 건널목 지나오고 보니
쌩쌩 달리는 것들이 이유 없이 얄밉다

사막의 행보

혹이 큰 낙타부터 앞서 걷는 사막의 길에서는
푹푹 내쉬는 한숨도 밀린 잠이다
만져지는 가슴 콩알만 한 혹에도
순번이 매겨지고 있었다

이제 마지막 꽃을 피워 낸 유방
흉탄 코르사주 전문의, 그 남자 앞에서
낙타 눈 껌뻑이는 언니는
순례길 동행으로 엮일 태세다

초대되지 않은 암 균은 불현듯 찾아왔고
한때 수유가 아닌 성감대로 젖가슴을 노출한 탓에
원죄로 병을 얻은 것이라고
억측 같은 후회로 몰아가고 있었다

모래 산도 삼킬만한 입을 가지고
샘물 벌컥벌컥 삼킨다는 암
지레짐작의 결과지를 받아든 갱년기 언니는
돌아누운 벽 위에 손톱을 긁는다

울고 있는 여자의 등을 바라보는 그 남자
어떻게 책임지려는지
다음 차례인 나를 궁금함으로 몰아가더니

그 남자, 사막 길 앞둔 낙타의 등을 친다
대수롭지 않은 듯
우담화 피긴 피었네요 허옇게

북달개비꽃

강둑에 새로 생겨난 길을 두고
사람들, 팻말을 걸어두기를
느림보 자전거 길이라 했는데
되돌아올 만큼만 가야 한다고
꽃잎이 가둔 강물은 중얼거린다

구르나 바퀴가 돌지 않는 저 길
혼자 밟는 강물의 페달에선
등 떠미는 돌의 소리가 왁자하다

툭툭 먼저 소리를 지르겠다며 달개비꽃들은
반어법 문장을 달달 외운다

뭐라 답할 게 없는 뻔한 내게
구름은 밟아야 할 페달이었다
달개비꽃은 영탄법을 알아버린 게지

피멍보다 훨씬 긴 수명으로
오랫동안 누구에게도 보여준 적 없는 길
더는 돌아갈 수 없는 곳에 이르는 길

그걸 별로 흘러드는 숙명의 사랑이라고
새로 생긴 길은 끊임없이 중얼거린다

기우는 슬픔이 낭떠러지에 이르렀을 때
고장 날 확률을 가진 브레이크보다는
눈물의 멈춤이 빨랐다

바큇살 틈새로 엄지발가락쯤 끼워 넣는 게
멈추기에 빠르다는 판단도 그러해서
다행이어라, 다행이어라
핏발 선 발톱이 내게 가르쳐준 건
어떤 추락을 만난다 해도
당신과 나는 불꽃 튀지 않는 거리였다

달 그리고 북극성

부활의 날에

살아갈 자의 시간조차 거슬렀기에
치악산 휴게소는 유람선 같다
계단마저 날 선 파도가 된 그곳
물결 능선에 들뜬 내가 도착해 있다
일정 간격이라고 믿었던 계단
그 마지막 계단의 허공을 헛디딘 발등은
얼어 죽었던 복숭나무 부활하듯 부풀어 올랐다
곁에 있어도 늘 애가 탄다는 그대에게
사랑도 어느 순간 절뚝일 수 있다는 것을
분홍의 발등은 알려주고 싶었나 보다
뒤숭숭한 신발 끈을 고쳐맬 걸 그랬나
내려다보이는 산들은 물결 같으니
내밀 오리발이라도 있었다면
발목이 더는 시큰거리지 않았을 텐데
바다는 늘 착각을 흔들었고
생각의 간격을 건성건성 건너다가
알았다, 가끔 헛발질이 구렁에 빠질 수 있다는 것을
물속 아우성이 눈꺼풀로 주저앉은 그날
내겐 꽃문양을 좌초시킨 사혈침이 필요했다

>
치악호가 한동안 뿜어낼 쑥 냄새를 평생 기억할 거라며
한 여자 검푸른 수면을 절름절름 건너가고 있다

나를 빠트린 첫사랑에 나는 잘못 길들여졌다

봄비 젖은 신문을 떼어 읽다

긋다가 뚝 분질러졌다

고속도로는 아니어도 흑색 침묵 극명했다

잠자코 있던 먹물이 튀어 오른 명치에서
목구멍 허기가 말줄임표로 답을 건네 와
굴리던 바퀴를 멈춰 세운다
나, 등골이 서늘해졌다

생활고에 허둥대던 세 모녀가
방안에 착화탄을 피웠다 해서
천상의 꽃을 만났을 거라 믿는 이는 아무도 없다
디스크, 당뇨병, 고혈압이
줄지어 과속으로 달려드는데
밀린 세월 고스란히
불쏘시개로 던져 넣고 싶지 않았겠나

타던 불꽃의 연소에도
침묵은 정지선 아래 뉘어진 말없음표

>
가슴팍 선명한 멍 자국 보겠다고

조간신문 밤새 달려왔지만
앞면과 뒷면이 마주보는 극점에는
만발한 산수유꽃 눅진하다

과음지대
– 발효되는 데는 어떤 부표도 필요치 않았다

바람이 잔을 채우는 바람에 단풍 주 한잔을 마셨다. 칠선계곡 발바닥은 발그레해졌다. 그냥 지나칠 수 없는 주점

부르르 꽃이 되지 못한 시화호에선
누군가 읽다 던져둔 신문기사가 쓰디쓴 꽃물로 읽혔다
비를 부르며 치민 부아, 누군가가 던진 돌멩이를 꾸역꾸역 빗물인 듯 받아 삼키고 있었다. 강바닥에 뜨겁게 엎드려 살던 조약돌이 던져진 돌멩이에 의해 이마가 부풀어 올랐다

술값이야 누가 내든, 억울해진 나는
구르는 물이 고인 물을 몰아내듯 별의 머리통을 두드렸다. 새벽이 걸어 들어올 때까지 연거푸 들이부은 단풍 주

잠을 깬 바다가 삼키는 소금물
순수와 권력의 비리가 한데 출렁이는 메카의 위장
되려 시화호는 공복이 쓰리다 했다

달은, 넘어가는 해를 따라 눈금도 없이 넘나든 위험수위

찾아왔다, 역류성 식도염이

4부

지금은 몽유할 때

숙성

묵은지 담은 항아리는 군둥내다

햇살에 말갛게 씻기는 장독간
손만두 빚는 속도가 빠르다며
속없이 서 있던 그녀

한때, 푸른 잎 겉돌리며
없는 시집 곳간 간잡이 되어
겹겹 식구마다 서툰 마음 절인 적 있었다

발효와 부패 아슬아슬함에서
속도 속이 아니라는 그녀
풋살 아삭아삭 다져서
속없는 봄날을 채워 만두를 빚는다

상한 마음 주무르고 펴서
뚜껑 같은 손의 안쪽 손금을
말랑한 지붕으로 가린다

눈물의 퇴화

눈물이 행복한 기화를 보여줄 때
몽고점은 흐릿해졌다

태어나면서부터 얼얼하게 맞은 엉덩이
울지 않으면 죽는 것이라는 징표

크게 세 번만 울어야 한다 해서
나, 사는 동안 찔끔대는 게 눈물이다

명치 끝 아궁이에 수시로
젖은 솔가지를 던져 넣던 어머니와
눈에 티끌 들어갔다고 우기며
옹색한 하늘을 쳐다보던 아버지

산다는 것은
눈물을 말려가는 연습이라고
안구를 스쳐 가는 한 줄기 바람에게 알려 준다

맥없이 찡한 코끝을 보니
머지않아 눈물이 밀려올 모양이다

노끈

당신을 묶었다는 기억만으로
체념에 이른 것이지요

비로소 너덜해진
늙은 끈, 제 할 일 다 한 듯
길 위에 누웠다

선방 향내도 없고
비린내도 없는 것으로 보아
단순한 끈으로 보면 착각

팽팽한 크기로 당신 곁에 머물다가
풀리고 나면 나른한 바닥

길 되어 바다에 이르렀으나
커다란 칼의 바다가
길을 되놓아 주는

도예촌

잿물에 담갔다가
오월 방향 솟대 매단 촛대는
누릅나무다

불을 댕기면
깃털무늬 꿈틀꿈틀
방안 가득 돋아난다

어린 손바닥 하나
눈송이 문양 되어 내려오면
계룡산 반포면 도자기 마을
주무른 흙냄새다

환한 밤이 쓰린 위장의 가마에 들어
청상인 진천댁 체증의 명치를
꾹꾹 누르고 있다

고독일지

덜 깬 잠으로 누르는 티브이 리모콘

두 스푼 갈아 희석하는 커피콩에서
덜 마른 눈물의 시간이
마스카라를 번지게 했다고 치자
민낯을 꺼리는 거울인들 오죽하랴

세상에서 누가 젤 외롭냐고 묻지 않아도
꼼꼼히 아침을 펴 발라주며
과잉 친절을 보여주어야 하다니
톡톡 두드리고 꾹꾹 눌러보는 파운데이션
자꾸만 얼룩져 뭉치는 퍼프에서
외롭게 돋아나는 검버섯

나, 그걸 숨기려 마스크 팩만큼은
식탁 위에 삶은 계란 놓아둔다

빈 둥지 횡으로 자른 자몽 속같이
열두 달로 나뉜 방마다 톡톡 불거지는
그 씁쓸함을 덕지덕지 바르겠다는 심사인 것이지

내 한 입을 위해 차려진 밥상일지라도
오늘 하루를 빨간 립스틱으로 막아낸다

마른 얼굴을 위한 마지막 몸부림이라 해 두자

결혼반지

눈금에 추를 얹은 저울에게
아침에 일어나면 맨 먼저
밤새 끼었던 반지를 얹어 보는
오래된 내 버릇은 당신에게만큼은
나, 전범이고 싶음이다

드러누워도 달라지지 않던 생각들을
어쩔 수 없이 손가락에 채워 넣는
나만의 형벌 방식에서
언제쯤 난 자유로울 수 있으려나

살닿는 것 중 가장 빛나는 유물인 반지
불타던 가슴만큼은 아니더라도
참말인 듯 달구는 네 사랑이 감옥임을 안다

심장과 맞닿는 약지藥指의 고리 자국에서
홍매, 간밤 앓던 몽유의 가지를 보느니
흘러가는 구름조차 둥글게 둥글게
눈금 매듭에 걸리기를 나는 꿈꾼다

>
봄바람이 건너 밟는
수평의 언저리가 우묵하다

폭식주의자

작동 멈춘 복사기 속에
어떤 불순물이 끼어있는가 살피는데
거기 삭혀지지 않은 울분이 끼어 있다
간밤을 뭉텅 잘라먹고
그렁그렁 아파오는 목
먼저 삼킨 코끼리 무리들 납작해져서
보아뱀처럼 다음 역으로 가야 할 텐데
뱉어지지 않는다
꾸역꾸역 먹혀지길 원하는 코끼리 앞에서
전철 같은 내 목은 부식되어 있었다
빈속으로 흘러들길 바라는 건 무국 한 사발
후루룩 뜨거워서 더 시원해라고 말해주는
솜씨 좋은 당신을 난 기다려야 하지
어떤 고장이란 표식도 없이
이미 동전을 삼켜버린 커피자판기처럼
툴툴 걷어차는 발길질에 막혀버린 나의 퇴로退路
AS 수리공을 불러 뒀으니
머잖아 초인종은 울리겠지만
나는 막힌 복사기 속을 자꾸만 들어다본다
달면 삼키고 쓰면 뱉어내던 식습관들

>
제대로 삭혀지지 않는 울분
끄르륵 끄르륵 소화되지 못한
코끼리의 비명이 남아있다

통증을 엿보다

재활용 폐지廢紙를 정리하다가
카드 청구서 모서리에 손가락을 베였다

순식간에 살 속 신경을 훑는 쓰라림
이미 실핏줄도 건드렸나 보다
언젠가 맨 처음 종이에 손이 베인 그때
아픔보다는 놀라움이 더 컸었다
칼도 아닌 것이
선 날도 지니지 못한 것이
섬뜩하게 발휘하는 비금속의 힘
손끝이 슬쩍 베였을 뿐인데
몸의 통감들이 일제히 세우는 촉
무딜 대로 무딘 일상에 울리는 사이렌
되려 그것은 살아 있다는 진단서
지긋이 아려오는 통증의 근원은 어디쯤일까
나를 첫사랑이라며 머뭇거리는 그에게
칼 없이도 휘두른 말[言]들
혀끝으로 준 아픔도 그러했겠지
링거병 매단 것처럼
스무 살 교정은 아직도 흰 등꽃 걸릴까

꽃 타래에서 수액이 줄을 타고 전래되어
여물지 않아 뗄 수 없는 딱지 같은 그 옛사랑이
베인 손가락 살 틈을 비집는다

물컹 솟던 그리움의 끝은
언제나 쓰리고 아프다

처마에 걸리다

장대비 더듬던 지붕의 비늘이
삭풍을 더듬을 때는
어떻게 체위를 바꾸는지
뎅그렁 우는 처마의 풍경은
역린의 비늘 하나를 말리려 드는 오후다

눈이 품지 못하는 고요가
명치끝에서 환해져 올 때
비로소 지상의 풀꽃들은 춤이 된다지
아가미에 걸려 지쳐버린 시간도
같은 그물망에 갇히면 더욱 비릿한 향내

나, 눈이 있어 저 풀꽃들을 보는 걸까

핀 풀꽃이 있어, 공중 그네에 얹힌 내 눈이
아지랑이 너머 먼 데를 보는 걸까

무연고 수초로 흔들리다가 뒤늦게 꾸는
회귀의 꿈 하늘 너머에도 물이 있어
어느 방향으로 머릴 두어도

바람 빼끔빼끔 삼키는 아가미 소리는

천년千年은 더 맑겠다

티눈 안경

땡볕 둔덕을 건너온 어떤 통증이
바위의 캄캄함을 더듬었나 했더니
번개를 가르고 지나간 틈이었다

집게발 달린 박하지처럼 살금살금
더 낮은 자세로 걷게 하는 티눈
지진 자리 또 근질거리듯
오른쪽 새끼발가락 연밥이 여무나
가을 햇살 아래서 꼼지락거린다

벌레 같은 외발 지팡이 쿡쿡
꿈의 자리 누르고 심청아비 지나갔나
더듬거나 짚어보지 않아도 쳐다보기만 해도 찌릿
발목 잡다 멱살까지 잡는 분통
자식 보내고 얼어 찬 완장

머지않아 눈조차 아플 걸 뻔히 알면서
오래 쓴 색안경 탓에 고정된 눈알

그에게도 언젠가
말간 도수의 안경은 씌워지리라

窓, 낡음을 두드리다

금이 가기 시작하는 유리창이 불안한 잠을 청할 때 창틀을 붙잡은 바람의 손에서 삐걱거리는 소리가 밤새 들렸다. 뜨거운 숨 몰아쉬던 젊은 날 창을 단단히 못질해둔 것이 후회막급이다. 그리움에 찌든 바람이라면 통과시켜 섬뜩한 머리맡에 앉혀주지도 못했으니 날아든 돌멩이 창문유리에 금 하나 남겨 놓아도 내 움츠림은 문 열고 고함 한 번 지르지도 못했다. 떨어져 나간 타일 자국을 바라보며 모로 누운 내가 하나둘 헤아리는 것 또한 불면 탓. 밖의 그도, 안의 나도 그냥 집지킴이가 되었다.

낡아감의 속도는 언제나 살금살금 속을 파먹힌 사과 같아서 벌레로 날아든 저녁 햇살이 방의 속을 바글바글 끓인 뒤에야. 눈물 훔치다 퉁퉁 부은 씨앗은 주먹손. 더는 못 참겠다고 쿵쿵 틀을 친다.

위태로워진 유리만 남아서
와장창 깨어 줄 돌멩이를 기다린다

질긴 가문家門

젊어서 퇴깽이 같은 년은 늙어서도 퇴깽이다

넌지시 아랫도리 풀더니
새끼까지 줄줄이 내미는 토끼풀
빠르게 벌린 틈새의 번식이다

저들끼리 제 눈알만 한 꽃반지 만들어
언약식 마다치 않는 호들갑
너른 정원 잔디밭에 터 잡았으니
여러 해 살아 볼 요량인가

머리채를 호미로 감았더니
우지끈 딸려 나오는 뿌리들
근본 있다, 근본 있다 앙탈이다

버둥대는 사지를 바람을 향해 돌려놓을 때마다
거애, 수시, 염습의 순서로
토끼풀에게 치르는 매몰찬 풍장

이미 뽑기로 마음먹은 나 또한 명문가의 자손

뒷짐 지고 헛기침만으로도
함구의 내 가을은 위풍당당이다

지금은 몽유夢遊할 때

잠이 깬 건 가로등 불빛 때문이다
아니다, 오래 주저앉지 못하는 눈꺼풀 때문이다

오랜 습관처럼 찾아간 화장실
테이프로 감아 벽면에 매달아 둔 망가진 수도꼭지
그리스 고대 박물관 조상彫像 병사의 쓰러진 그것과 닮아있다
부식된 여성女性이 풀풀 날리는 웃음과 동시에 쑤시는 골반통
더는 회춘하기 힘든 갱년기 지대
무슨 생각을 하는 거야

방으로 들어와 서랍을 열고 싶어졌다
진급에서 누락된 그가 스스로 울분 가둬둔 서랍
그 속에서 미처 빠져나오지 못한 그것이 구겨져 버둥댄다
좀 편하게 살면 안 될까
우리는 공정 과정 거친 전시용 부부
몇 해를 끌어온 장미전쟁 중에
잠금장치 서랍은 전흔戰痕 지우는 작전지대

소등 불빛을 사열하듯 걸어온 아침이
일상을 지휘하는 안전지대에 이르면
나, 꿈꾸고 싶은 신혼

졸린 가로등이 창문 흔드는 시간
무겁던 눈꺼풀이 스르르
흔든다는 것은 마음도 물체처럼 움직일 수 있다는 것
한때 그도 사랑이란 레이더망으로 나를
오롯이 흔들어 댄 적 있지 않았던가

우유팩에서 크낙새를 만나다

반대편을여시오. 양쪽을여시오.
물관부 싱싱한 오동나무 비탈을 견뎌온 건 나무가 아니라
알고 보면 여전히 어두운 지층이다

우유팩 같다, 너의 몸은 가득 차 있고
목마른 크낙새인 나는, 어둠인 너를 기웃거린다

늘 입구 반대쪽을 서성대며 내뱉는 목청
반송조차 되지 않는 허공으로
희뿌연 잎들은 잘못 들어 삭히던 詩처럼 날아갔다

하늘 쪽을 열지 못하고 서운함 뒷문으로 돌다
잎을 버린 내가 만난 것은 세상 문고리
잡고 싶고 당기고 싶은 갈증이 점점 자란다

뻐루퉁한 나뭇결 틈새를 비집고 들어와
흰 속살 벌컥벌컥 들춰내던 크낙새
선부른 노래나마 한 번 더 들려주면 어때서
누르시오. 사랑해줘서감사해.

어설펐던 구멍 말문을 연다

벌린 우유팩을 떠나 주르르 쏟아진 구름이
노란 주둥이 벌리다 성큼 자란 크낙새를 데리고
우우우 낯선 숲속 요새를 짓고 있다

여름꽃

인생의 절반 내 몸에도
박힌 씨가 까뭇하다
쩍 벌려놓은 수박 속과 다를 게 뭐냐고

땅이 밀어 올린 넝쿨이 자라
사랑은 꽃으로 피는 거라고
속까지 둥근 표정으로 부풀려 놓았으니
꽃인 내 속을 너에게 보여줘야 했어

칼날이 닿자마자 반응한 게 죄야
이거 아니면 저것 분명한 처사였기에
칼이 지나간 자리에 남겨진 절반의 수박씨

이제 난, 반과 반을 더하거나
반과 반을 나누는 지혜를 너에게 뽐내지
반쯤 간격에도 익숙해진 너와 나
짐작으로 하는 외눈박이 사랑으로도
반과 반이 손잡는 경지는
푹푹 찌는 여름날이 아니어도 돼

>

나머지 반이 있든 없든
반쪽인 나만으로도 넉넉한 가을이면 익은 꽃이지
너는 여름꽃이라는 이름만으로
싱그러운 속마음 시커멓게 태우고 남았을 테니까

생각, 샤워하다

욕실 선반에 놓인 바구니 속
고여 있던 잡념을 더듬어 꺼내는데
불길한 예감의 각질이 만져졌다

필링작업이 필요하겠다는 생각은
조만간 지진이 닥쳐오리라는 불길을 닮아서
밀어낼수록 깊어져 가는 찌든 망상

손가락 사이에 피는 게 거품꽃이니
천연성분의 질 좋은 샴푸를 써야겠어
노보리베츠 지옥 계곡의 연기구름, 혹은
하릴없이 유황 냄새가 나도 좋아

생각이 자라 머리카락이 되는 것도
내 모발 부질없이 숱 많다는 것도
샤워꼭지 아래 실개천으로 흐르면 어때
올곧은 정신 한 움큼이 필요해

싹둑 잘라버려도 괜찮을 생각들
그다음 걱정 올올이 흔들어 헹군

말끔한 안도감에 윤기를 보태야겠어

가지런히 빗어 말리기로 한 사랑에
그대라는 린스를 바를 거야
이미 지나간 어제의 욕망에게도

우화 장터

숫제, 드러누운 통무시
말갛게 자존심 씻겨주었더니
희멀건 허벅지 드러낸다
흙 묻은 부끄럼에도
발가락 포개어 앉히면
이번엔 생강이 되어 아릿할까
물컹, 이빨에 무르게 허물어지는 건
자존심 무를 채 쳐 볶은 탓이다
당신이 소문내고 다닌
그녀가 아니면 안 된다는
순애보 품은 편강
나를 두고 한 말이길 믿어본다
무시 묵고 무식한 놈
생강 먹고 생각 좀 해보라고
오후의 무료함은 찾아왔다

귀한 값에 사 온 성주 장날이
한 상 가득 푸짐하다

해설

형상에의 감응

: 페미니즘 그 너머 혹은 사랑의 이쪽

김석준

해설

형상에의 감응

: 페미니즘 그 너머 혹은 사랑의 이쪽

김 석 준 | 문학평론가 · 시인

최대한 상에 집중하되, 그것의 의미가 모아지는 여성성에 주목하자. 젠더라는 말과 함께 저 미지의 감성과 절묘하게 감응하는 절정의 순간을 예민하게 시선점에 응고시키게 되는데, 그것이 바로 금번 상재한 박춘남 시인의 『생각, 샤워하다』의 시적 정체이다. 지난했던 젊은 날의 초상 혹은 사랑의 아스라한 저쪽. 생각의 안쪽을, "거울의 생각"(「自序」 중)을 내밀하게 응시하며 시 말의 가능적 조건들을 탐색한다. 물론 이때 탐험은 형상에의 감응이 불러일으킨 그 무엇이겠지만, 따라서 일련의 시 말 운동이 "형상形象"(「自序」 중)을 직조하는 강렬한 순간들을 포착하는 것이기도 하지만, 어찌 그것이 여성성에 응고된 순수한 감성의 제의, 즉 사랑이 아니라고 말할 수 있겠는가?

소꿉장난만 같았던 "신접살림"(「소꿉 살다」 중)의 어디쯤의 몽상의 지대를 지나 "조산의 산통"(「생강나무 아래서」 중)에 식은땀이 흐르던 감격의 순간들을 시 말 속에 응고시킨다. 말하자면 형상은 그저 단지 이미지의 제의가 벌이는 단순한 감각의 제의만을 의미하지 않는다. 물론 시인의 형상 놀이는 그 구성법 차원에서 볼 때 단순한 이미지의 축조술과 비슷한 면이 없지 않지만, 이는 말—세계가 건축되는 또 하나의 축조술과 정확하게 대응된다. 이미지의 벡터화 혹은 의식을 산출하는 동사의 잠재적 역량. 박춘남 시인의 그것이 놀라운 점은 형상에의 감응이 단지 말놀이 적 향연에 멈추는 것이 아니라, 그것을 삶의 고리로 확대해 자신에게 속했던 모든 것들을 의미의 공식으로 재배열을 시도하기 때문이다. 다시 말해서 금번 상재한 『생각, 샤워하다』는 차가운 이미지의 날 선 공방이 아니라, 정교하게 축조된 형상 이미지를 따스한 인간학으로 포획한 존재 그 자체의 순정한 언어 그 자체임에 틀림없다.

때론 "길 잃은 한 여자"(「민둥산 이야기」 중)의 황폐한 감정선을 예민한 감성의 언어로 매만지면서, 때론 "행과 불행의 접시"(「미완의 봄」 중)에 담겨진 애달픈 어머니의 삶을 위무하면서, 시인은 형상 속에 기입된 일련의 이미지들을 삶의 언어로 복원하고 있다. 표면적으로 볼 때 일련의 시 말 운동이 존재를 이미지로 기록하는 역동적인 운동성을 띤 것만은 분명하지만, 이는 생을 기록하는 가장 적확한 형상의 법칙이자, 이미지를 포획하는 시인 특유의 생각의 깊이라 하겠다. "수심愁心 깊은 사람"(「동피랑」 중)의 애절한 마음을 헤아린다. 더불어 "환청"(「도다리쑥국」 중)에 시달리는 "사랑의 울림"(「길 밖의 길」 중)과도 적극적으로 공명해 사랑의 참된 의미를 되짚어본다.

물론 이 모든 일련의 시도들이 시 말을 얻기 위한 지난한 존재의 여로인 것만은 분명하지만, 따라서 박춘남 시인이 추구하는 일련의 형상이 삶의 파편들을 의미로 재구성하는 곳에서 생성된 순수한 감응의 전언인 것 또한 사실이지만, 이는 여성성이 구현되는 섬세한 의식의 장소에서 움터오는 미지의 기호임을 간과해서는 안 된다. "에스트로겐"과 "프로게스트론"(「물칸나」 중) 사이에서 머뭇거린다. 말하자면 박춘남의 그것은 젠더적 속성, 즉 여성성을 극화하되 그 모든 의미의 지층들을 이미지 형상으로 순치시키는 세련된 언어감각을 표출하고 있는데, 그것이 바로 시적 감응이 일어나는 시 말의 비경인지도 모른다.

따라서 박춘남 시인에게 언어란 단순한 말놀이 적 향유가 일어나는 장소만을 의미하지 않는다. 아니 형상 이미지를 포착하는 감응은 진지한 삶의 구경적 태도가 응축되어 있는데, 이는 언어를 섬기는 진중한 태도와 적확하게 대응된다 하겠다. 설령 형상 이미지를 추구하는 일련의 과정이 생의 흔적들을 시 말로 고양시키는 순간처럼 비추어지지만, 따라서 시인의 그것이 형상 이미지를 통해서 생의 세세한 사연들 드러내 보이고 있지만, 어찌 그것이 여성성이 육화되는 시적 원리가 아니라고 말할 수 있겠는가?

"비애의 꽃말"(「낮과 밤사이」 중)을 여린 감성의 기호로 읽고 받아 적어 형상의 이미지로 복원시킨다. 이를테면 박춘남 시인의 페미니즘적 시선은 젠더에 응고된 성차별적 의식을 극화한 것이 아니라, 따라서 남성이라는 반대 성(性)과의 대립적인 국면을 이항대립적으로 설계한 것이 아니라, 여성성을 통해 이 세계와 완벽하게 감응하는 순정한 사랑 그 이상도 이하도 아닌 바로 그것이다. 물론 그 사랑의 공식이 제주 해녀쯤으로 생각되는 어머니에게서 비롯한 것으로 생각되지만, 따라서 시인의 페미니즘적 성향이 상호 분열이 발생하는 대극의 장소 어디쯤을 배회하고 있는 것처럼 보이기도 하지만, 박춘남은 단지 거기에 머물러 분열의 상흔을 헤집고만 있지 않는다.

다시 말해서 금번 상재한 『생각, 샤워하다』는 여성 특유의 감성의 언어로 세계와 감응을 시도하는데, 그것이 바로 포월을 매개시킨 페미니즘의 새로운 전형이라 하겠다. 때론 "유년의 입맛"(「도다리쑥국」 중)에 기입된 삶의 방정식을 세밀한 필치로 그려내면서, 때론 "시간의 시침질이 기운 느슨한 일상"(「퇴임 후」 중)에 다가가 삶에 속한 모든 것을 위무하면서, 시인은 스스로가 세상의 만물과 조응하는 감응의 절대적인 주체가 되어 포월의 정신성을 구현하고 있다.

땅의 어둠을 한 곳에 끌어모아
태운 불꽃 하늘로 올린다

잎사귀만큼은 풍만하던 대나무들
하늘 쓸던 열망을 모아 세워
새끼줄로 불끈 묶은 달집

허리춤에 매단 소원지들은
비 온 뒤 죽순을 닮았다
솜방망이에 담긴 염원에
빈속 마디가 지르는 비명
물, 불, 바람이 낳은 세상 고난일랑
한 톨 남김없이 거두어 가달라
풍악에 맞춰 내려올 달을 부른다
갑오년엔 숫제 드러누웠다는
과수댁 눌 삼재 돼지띠 아들
실직이 건넨 무기력의 발등에도
뜸의 불탑이 얹힌다

감응이여, 불티같은 발걸음으로 왕림하라

— 「달집태우기」 전문

"궁색한 낱말"(「꽃잎 풍장」 중)들을 형상의 대응력으로 감응하기란 그리 쉬운 일이 아니다. "소원지"를 불살라 하늘에 날려 보낸다. 대저 시란 무엇이며, 어떠한 삶과 조응할 때 가장 숭고한 시의 위의를 다한 것인가? "감응"이다. 이 두 글자는 샤먼에게 최적화된 언어인 것 같은데, 이는 시인과 샤먼 사이의 거리를 봉합하는 존재 그 자체의 언어이다. 말하자면 시 「달집태우기」는 영매로서의 시인의 존재론적 토포스를 가감 없이 드러낸 작품인데, 형상에의 감응이 곧 "물, 불, 바람이 낳은 세상 고난"과 조응하는 삶에 관한 진솔한 기록의 산실임을 직감하게 된다. 따라서 시인은 "땅의 어둠"을 몰아내는 영매이자, 지모신인데, 그것이 바로 자연인 박춘남에게 허여된 감응의 형상력인지도 모른다.

다시 말해서 시인이 "젠더"와 "아이덴티티"(「소설 포지션」 중) 사이에서 고민했던 일련의 서사적인 면모는 온전한 감응이 일어나는 사랑의 장소이자, 그가 분열이나 저항의 페미니즘이 아니라, 포월의 페미니즘으로 나아갈 수 있는 시적 경로이다. 물론 시 도처에 "자존감"(「배경을 봐줘」 중)으로 똘똘 뭉친 "싱그러운 여자"(「물칸나」 중)의 "여물지 못할 사랑"(「사랑니」 중)이 기입되어 있지만, 따라서 시말의 비등점이 파열의 목소리와 조우하는 첨예한 갈등의 순간인 것 또한 사실이지만, 어찌 그것이 감응의 요체가 아니라고 단정 지을 수 있겠는가?

"무기력의 발등"을 응시하며 "삼재"를 겪는 민초들의 마음을 헤아린다. 감응은 그와 같다. 감응은 신묘한 느낌을 따라 영혼의 감흥이 일어나는 어떤 마음의 상태인데, 이는 땅의 "열정"이 하늘에 가닿는 신적 희열의 절대적인 경지이다. 물론 박춘남 시인의 그것이 달집을 태우는 정월대보름의 민속 세시풍속을 세밀하게 그려내고 있지만, 따라서 민간에서 관행처럼 행해지는 달집태우기 놀이를 형상 이미지로 재현한 것처럼 보이기도 하지만, 이는 시적 감응이 일어나는 진실의 장소이자, 시 말이 투사되는 영혼의 장소이다. "달집"에 세세한 "염원"을 실어 "하늘"로 올려 보낸다.

이를테면 시인에게 감응은 "뜸의 불탑", 즉 인간학적인 고뇌를 치유하는 의식의 교감이자 생에 속한 모든 것들을 긍정의 묘법으로 치환시키는 사랑의 공명판이다. 설령 삶에 관한 일련의 서사가 "어설픈 시간의 나락"(「기식寄食」 중)으로 추락해 인간학 전체를 기식자로 표현하는 경우가 비일비재하지만, 이는 참된 감응이 일어나는 인문적 형상의 자리라 하겠다. 따라서 박춘남 시인의 그것은 "잘못 들어 삭히던 詩"(「우유팩에서 크낙새를 만나다」 중)를 제대로 발효시켜 형상의 조형물로 입체화시키는 것은 물론 그것을 지극히 인간적인 풍모로 승화시킨 곡진한 사랑의 전언이라 하겠다. 형상에의 조응은 곧 이 세계와 조응하는 사랑의 방식이다.

어머니의 바다는 제주바다
해삼 전복 따 귀히 모은 망사리 속에 있었다
큰 배 태워 뭍으로 보내고 싶은 육남매도
오롯이 거기에 담겨 있었다

— 「당신의 바다」 일부

두껍게 감싼 나의 외투를
당신의 앞니는 화들짝 깨물어
알몸이 달콤해진 밤
제대로 밤 한번 까고 싶다

— 「밤 유감」 일부

나이 들어 피고 지는 일이 다 쓸쓸해졌을 때
네 봄의 뒤안은 낯선 새벽
아무도 몰래 소복을 갈아입는 곳

— 「꽃의 진술서」 일부

반짝인다는 것은
너와의 거리가 까무룩 멀기 때문
알몸이 익어갈수록
톡톡 불거지는 그리움

— 「별을 볶다」 일부

"발효와 부패"(「숙성」 중)의 경계면에 서서 사랑의 위치를 점검 중이다. 과연 여성성이란 무엇인가? 물론 그것은 "당신의 바다"라고 명명되는 "어머니의 바다" 어디쯤이거나 여성의 운명이 오롯이 기입된 제주 해녀의 삶—시간—세계를 의미할지도 모른다. 통념적으로 페미니즘이라는 함은 이제까지 여성이라는 이유 하나만으로 관행처럼 차별받던 사회적 불평등을 보다 공평하게 만드는 여성의 운동인데, 박춘남의 그것은 주디스 버틀러나 뤼스 이리가레 등의 어떤 이즘에 경도된 페미니즘의 이론을 공공연하게 주장하는 것은 결코 아니다. 말하자면 시인은 적극적으로 성 평등을 주장한다거나 혹은 여권신장을 적극적으로 피력한 것은 결코 아니지만, 따라서 지극히 여성적인 감성의 풍모를 도처에 산종함을 통해 구시대적인 여성의 전형을 고스란히 간직한 것처럼 보이지만, 이는 선천적인 성(sex)과 사회적 성(gender) 사이에서 끊임없이 배회하는 한계지평을 여성성 그 자체로 봉인하는 숭고한 작업이라 하겠다.

다시 말해서 박춘남 시인의 여성성은 모든 차이를 차이로 생산하는 곳에서 생성된 여성 특유의 감성을 포월의 정신성으로 고양시켜 이 세계 전체가 사랑의 전언들로 가득 차기를 염원하는 것 같다. 시 「당신의 바다」는 그것의 적확한 예인데, 이는 어머니의 삶을 위무하는 딸의 애잔한 감성을 서술한 숙명적인 작품이다. 때론 "신혼 맛"(「쪽파」 중)에 기입된 알싸한 풍경들 소묘하면서, 때론 "연민"과 "그리움"(「2월」 중) 사이로 사랑에 관한 모든 것을 흘러내리게 만들면서 시인은 "풍랑의 바다"를 헤쳐 나오는 "숨비소리" 들으며 어머니의 한 세상을 "그렁한 눈물"로 응시하고 있다.

이제 다시 사랑을 사랑하고 싶다. 사랑의 저쪽으로 아스라이 사라진다는 것은 결코 "배부른 고민"(「직선을 만나다」 중)만은 아니다. 희미한 "옛사랑"(「통증을 엿보다」 중)의 그림자 혹은 달콤한 "첫사랑"(「꽃샘추위1」 중)의 기쁨. 이순 무렵의 박춘남 시인에게 사랑은 포기해야 할 저기가 아니라, 새로운 사랑이 싹트는 여기일지도 모른다. 마치 "당신의 앞니"에 입술을 깨물리던 "알몸"의 "달콤해진 밤"을 중의적으로 몽상하면서, 시인은 자신에게 속한 모든 것들을 사랑의 이쪽으로 데려다 놓는다. 따라서 박춘남의 페미니즘은 차이를 생산하는 방식이 아니라 모든 차이를 사랑의 동일률로 복귀시키는 사랑의 아름다운 제의라 하겠다.

물론 여전히 그/녀들의 사랑법에 매개된 일련의 서사적 양태가 감응이 아닌 "외로움"의 "진술서"를 기록하는 경우가 다반사이지만, 시인은 "농염한 보랏빛" "침묵" 속에서 "그대"와 "나" 사이에 매개된 사랑의 거리를 가늠하고 있다. 대저 아직 남아있는 그대에 대한 사랑은 과연 어떤 형상의 무늬인가? 물론 여전히 리비도의 어디쯤을 도발하는 강력한 그 무엇이기를 소망하지만, 어찌 그것만이 사랑의 전부일 수 있겠는가? "애증"이 교차한다. 애증이 교차하는 바로 그 지대에 그대와 나의 오묘한 사랑법이 존재하게 되는데, 그것이 바로 형상에 포획된 의미의 정체인지도 모른다. 설령 지금은 너와 나 사이에 남아있는 사랑의 흔적이 참을 수 없이 "가벼운 존재"처럼 느껴지지만, 따라서 사랑을 사랑했던 그 감성의 형상도 이미 희미해져 "그리움"으로만 남아있겠지만, 어찌 그대에게 스미기를 원하지 않겠는가? 설령 그 길이 짧은 "향기와 몸빛의 진술"을 통해서 이루어진 풋사랑의 "아픔"이었을지라도, 사랑은 생이 품어야 할 최선의 방식임이 자명하다.

물론 시 「별을 볶다」가 애잔한 사랑의 감성을 "은빛별"에 빗대어 사랑의 현주소를 더듬어가고 있지만, 따라서 그/녀에게 속한 모든 것들이 종국에는 잊힌 여인의 애잔한 사랑의 연가인 것 또한 사실이지만, 이는 "너와의 거리"를 가늠하는 사랑의 위상학적 토포스이다. 아마 그/녀는 "네이멍구" 자치구 어디쯤을 헤매며 "별"과의 대화를 달콤쌉싸름하게 나누고 있을지도 모른다. 왜냐하면 시인에게 사랑에의 추억은 "알몸이 익어갈수록/톡톡 불거지는 그리움"의 어디쯤에서 생성된 "애증"의 그림자이기 때문이다. 어쩌면 시인의 사랑은 혹은 참된 여성성이 발현된 사랑은 언제나 사랑의 대상에게 가닿지 못하는 숙명의 어디쯤에서 생성된 미완의 과제인지도 모른다.

오랫동안 기다렸다고, 뭉클한 심장 엄마에게
파랑 옷을 지어 입히고 싶다
인디고 염료공은 온몸으로 비를 기다려
마디풀 잎사귀에서 쪽빛 하늘을 연다고 한다
모르포나비는 천금석이 견뎌낸 시간의 비늘만큼
생의 절반을 기다려
파랑 날개를 단다고 한다
빛과 바람과 비를 기다릴 줄 아는 색깔이 파랑이라는데
어제는 나무 속에 언약의 청동화살을 박아 넣었으니
이제 산화의 빛깔을 구름에게 빌려와
천 년 전에도 나의 엄마였을 당신에게
순결의 물빛인 듯 정수리에 부어주고 싶다
잠 못 이루는 심장에 찔려
보고픔이 뼛속까지 출렁거렸음을
나무의 우듬지가 성난 뿔처럼 솟구쳐 오를 때
구름 위의 하늘에게 되돌려 줄 내 피를
당신은 파랑이라고 춤으로 보여줄까
찔리며 밝은 새벽의 풀 포기에도
발의 파란 사랑을 수혈하고 싶다

— 「파랑 연서戀書」 전문

형상에의 감응은 사랑에의 감흥이 빚어낸 운명의 수인이다. 분명 그럴 것이다. 박춘남 시인의 그것이 아름다운 것은 그 형식을 불문하고 인간학에 관한 유무형의 모든 것들을 사랑의 연서로 기록하고 있다는 점이다. 특히 시 「파랑 연서戀書」는 그 적확한 예인데, 이는 "천 년"의 사랑, 즉 "엄마"라는 이름의 "숙명의 사랑"(「북달개비꽃」 중)

과 정면으로 마주 선 운명애의 어디쯤을 서성이는 슬픔의 서사이다. 왜냐하면 사랑의 기억은 기다림으로 직조한 "쪽빛 하늘"의 언어이자, "보고픔이 뼛속까지 출렁"거리는 너무도 간절한 무엇으로만 파랗게 표상되기 때문이다.

물론 일련의 시 말 운동이 "인디고 염료공"으로 지목되는 "모르포나비" 날개 어디쯤에 기입된 형상 이미지를 사랑의 연서로 탈바꿈시킨 것이겠지만, 어찌 그것이 사랑의 정리가 움터오는 알파와 오메가가 아니라고 말할 수 있겠는가? 핏빛 사랑은 "파랑"이 적합하다. "사랑은 꽃으로 피는"(「여름꽃」 중) "순애보"(「우화 장터」 중)이거나 "순결의 물빛"으로 공명하는 "언약의 청동화살"이다. 문득 "엄마"가 보고 싶다. 가끔씩 엄마의 바다로 나아가 "파란 사랑을 수혈"해 생에 속한 모든 것들을 혹은 기다림으로 채웠었던 "생의 절반"을 "빛과 바람과 비"의 전언으로 가득 채우고 싶다.

그러나 엄마는 여기에 존재하는 것이 아니라, 저기에 존재할지도 모른다. 왜냐하면 사랑에 속했던 모든 것이 타자로 물화돼 그 의미의 공식을 비존재의 양식으로 탈구시킬 것이기 때문이다. 따라서 박춘남 시인의 사랑은 혹은 여성성에 포획된 일련의 사랑의 서사는 알싸한 "시간의 비늘"이 묻어나는 오랜 기다림을 전제로 한 "뭉클한 심장"의 전언이다. 아름답지만 아프고, 가슴이 쓰라린 듯하지만, 이내 영혼이 드맑고 투명해진다. 아니 보다 정확하게 말해서 시인이 형상 이미지에 묘파한 일련의 사랑이 또는 리비도의 경계면에 위치한 충동적인 사랑을 도발할 때조차 그것이 외설스럽다거나 조야한 사랑의 구성물이 아니었던 것은 그 색조가 바로 "파랑"이거나 그와 유사한 구성물로 직조했기 때문이다. 설령 현재는 그 파랑의 빛깔도 "산화의 빛깔"로 퇴화되어 희미한 옛사랑의 그림자를 추억하고 있겠지만, 어찌 사랑과 그것의 구성물 전체를 외설의 징후로 기록할 수 있겠는가?

오늘도 엄마의 바다를 추억하며 "파랑 연서"를 시 말 속에 기입한 사랑의 전언들을 노래하고 싶다. 시인의 사랑법이 예쁜 것은 현대성의 치밀하게 계산된 사랑법이 문면 어디에도 존재하지 않는다는 점이다. 차갑지 않다. 파랑이 뜨겁다. 핏빛으로 물든 이 시대의 질척한 사랑법을 가슴이 시리도록 푸르른 사랑법으로 고양시켜 인간에게 허여된 삶—시간—세계 전체를 숭고한 영혼의 울림으로 공명시키고 있다. 다시 말해서 한 마리의 "모르포나비"의 "파랑 날갯짓"이 혼불이 되어 이 세계를 "파란 사랑"의 공간으로 전이시키고 있다.

> 그날그날 나름 맛있는
> 당신과 함께 산다는 것
>
> —「파김치」 일부

> 바싹바싹 내 초조함은 너와의 거리에 포함된다
> 사람과 사람 사이 아득한 섬이 아니라
> 최단거리에 놓인 지하철이라면
> 주어진 역을 꼬박 더해보거나
> 혹은 남은 역을 제하면서

너를 만나러 가는 길은
견딜만하겠다

—「거리감 환산」 일부

사랑은 머리로 하는 게 아니라
토막 난 가슴 층층이 쌓아
등걸로 버티는 거라고 알려주는 물푸레나무

—「기다림을 걸다」 일부

우리는 공정 과정 거친 전시용 부부
몇 해를 끌어온 장미전쟁 중에
잠금장치 서랍은 전흔戰痕 지우는 작전지대

소등 불빛 사열하듯 걸어온 아침이
일상을 지휘하는 안전지대에 이르면
나, 꿈꾸고 싶은 신혼

—「지금은 몽유夢遊할 때」 일부

나긋나긋하던 첫사랑의 시절을 한참 지나 이순에 정박한 "무뚝뚝한 여자"(「한라봉 연가」 중)는 여성성의 완성된 판본인가? 『생각, 샤워하다』가 초지일관 형상 이미지를 추구하며 내파시킨 저 사랑의 공식은 진정 사랑의 타자에게 가닿아 사랑의 환상을 충족시켰는가? 과연 그/녀는 사랑의 타자에게 "좋아한다는 그 말"(「상추꽃」 중)을 바로 건네 사랑의 열락을 순간에 돌입했는가? 더 나아가 "기쁨의 누수"(「오후의 마카롱 모카 케이크」 중)가 여기저기서 터져 나와 온 세상을 사랑의 알파와 오메가로 노래하고 있는가? 이순 무렵의 사랑의 노래는 아직도 소멸시효가 다하지 않은 현재적인 사랑인가?

페미니즘의 저 너머 혹은 사랑의 이쪽. 잠시 머뭇거리며 인간학적인 삶의 음영에 기입된 형상의 참된 의미를 성찰하게 된다. 까닭은 사랑의 이쪽에 기입된 그 모든 것들이 점점 낡고 늙고 파뿌리처럼 허옇게 변해 삶에 관한 모든 것들을 탈구시켜 버리기 때문이다. 마치 열렬하게 사랑했던 존재의 자리가 "눈물 자리"로 변해가는 것처럼, 시인의 사랑도 "파김치"가 다 된 "지친 밥상"이 되어 점점 무료한 권태감만을 느끼게 될 것이다. 만약 사랑의 표현법이 그와 같이 변해간다면, 대저 "당신과 함께 산다는 것"의 진정한 의미는 무엇인가? 사실 이 지점이 중요한데, 이는 자연인 박춘남의 시살이가 고스란히 노정된 존재론적 징후이기 때문이다.

그대에게 "최단거리"로 달려가 사랑의 현재를 점검하고 싶지만, 따라서 시인에게 사랑은 여전히 "너를 만나러 가는 길"에 느끼는 "초조함" 그 이상도 이하도 아닌 바로 그 떨림이 감성이겠지만, 어찌 사랑에 포획된 일련의 서사가 "사람과 사람 사이 아득한 섬"이 아닐 수 있겠는가? 사랑할수록 사랑에 배고픔을 느낀다. 아니 사랑과 그것의 구성법이 늘 잔여의 함수 위에서 요동하는 그 무엇인 한, 그/녀는 사랑의 알파와 오메가를 온전하게 전유하지 못하는 타자에게 위치하게 될지도 모른다. 마치 "초조함"의 "거리감"이 사랑에 내파된 인간학의 징후를 정확하게 표현하고 있듯이, 시인의 사랑은 언제나 "발 동동" 구르며

"마음 졸이는 기다림의 연속"이었을지도 모른다. 그러나 여전히 시인에게 사랑은 "다시 온 봄처럼/환"한 형상 이미지처럼 존재를 걸어야 할 그 무엇인지도 모른다. 다시 화려한 "꽃"으로 만개해 사랑의 설렘을 만끽하고 싶다.

여성성 혹은 사랑의 이쪽과 저쪽 사이의 균열. 사랑을 향유하며 여기를 살아내지만, 어찌 그것이 "낡아감의 속도"(「窓, 낡음을 두드리다」 중)을 견디어낼 수 있겠는가? "그리운 노래"를 부르며 "중년의 건널목"(「그것, 참」 중)에 매개된 사랑의 여율이 무엇인지 참구중이다. 기다린다. "물푸레나무"에 얽힌 한 잎의 여자의 사랑을 기다리고, 또 사랑의 언어를 "머리"의 언어가 아닌 "가슴"의 시 말로 직조하기에 이른다. 말하자면 시 「기다림을 걸다」는 사랑의 버팀목을 "옷걸이"로 비유해 사랑의 현주소를 점검한 작품이데, 참고 인내하며 기다리는 "등걸" 같은 무엇이 바로 사랑의 온전한 실체임을 증명하고 있다. 설령 그대가 "끝내 돌아오지 않는 바람"이 되어 사랑의 표현법 전체를 불능을 만들지라도, 그/녀는 "윗목"에 위치한 채 사랑이 되돌아오기를 기다린다.

그러나 아스라이 저만치 사랑이 사라져 "시간통"(「꽃샘추위 2」 중)을 겪는다. 다시 말해서 시인은 "부식된 여성女性"이 되어 "갱년기지대"를 건너게 되는데, 이는 사랑이 겪어야만 하는 마지막 통과의례이다. 물론 시인의 그것이 다시 "꿈꾸고 싶은 신혼"의 어디쯤을 더듬고 있지만, 따라서 여전히 "공정 과정 거친 전시용 부부"로 실제의 사랑을 포장하고 있지만, 어찌 사랑의 나날들을 "장미전쟁"의 "전흔戰痕"만으로 위장 색인할 수 있겠는가? "진급"에서 누락된 그/녀를 연민의 시선의 속에 가둔다. 아니 "씁쓸함"이 묻어나는 "눈물의 시간"(「고독일지」 중) 전체가 "사랑"의 "감옥"(「결혼반지」 중)이었음을 이제야 비로소 깨닫는다. 설령 시인이 여전히 "지금은 몽유할 때"라고 선언하고 있지만, 따라서 모든 것은 저 "한 때" 감정의 "레이더망"에 걸린 사랑의 편련들인 것 또한 인정하지만, 이 또한 사랑의 여율이 직조한 인간학적인 사태임을 명심해야한다. 때론 "순례길"과 "성감대"(「사막의 행보」 중) 사이에 기입된 의미가 무엇인지를 성찰하면서, 때론 "죄의 안쪽"(「여우비」 중)을 내밀하게 응시하면서, 시인은 자신에게 속한 모든 것들을 사랑과 그것의 구성법으로 재현하고 있다.

그 도토리들
내가 흘려 방울진 눈물의 등을 툭툭 두드려
탁자의 나이테 속으로 밀어 넣는다

― 「묵집의 시간」 일부

보일 듯 보이지 않는
이번 생과 다음 생의 경계는
왜 이리 희미한 걸까

― 「길 밖의 길」 일부

산다는 것은
눈물을 말려가는 연습이라고
안구를 스쳐 가는 한 줄기 바람에게 알려 준다

— 「눈물의 퇴화」 일부

자루와 호미 날 간극에서
나는 무였다

무성한 풀더미 속에서
노안으로 시야가 더 흐려진다 해도
無, 맑은 새싹 골라내야 할 눈

— 「무無 밭」 일부

"온 우주가 아프다"(「꽃샘추위 2」 중). 온 우주가 사랑의 열병을 앓다 종국에는 시간의 형상 전체를 "통증"(「티눈 안경」 중)이나 "체증"(「도예촌」 중) 어디쯤에 부려놓을지 모른다. 왜냐하면 사랑의 여율 전체가 늘 일정하지 않은 방향으로 탄주되어 사랑의 형상을 마구 일그러트리기 때문이다. 특히 시 「묵집의 시간」은 함께 했던 "아버지의 시간"을 추억하고 있는데, 이는 사랑의 우주율이 탄주되는 정확한 존재의 위치라 하겠다. 팔순을 훌쩍 넘기신 아버지에게 치매가 밀어닥쳤다. 기억을 야금야금 먹어들어가 "아버지의 인생 시계"가 멈춘 듯 "토시 하나 틀리지 않는 감탄사"만을 연발한 채 "메밀묵집"에서 남아있던 가족의 훈훈한 기억들을 망각의 강으로 흘려보낸다. 사랑은 이와 같다. 사랑은 늘 이와 같은 숙명의 강을 건너 너 또는 나를 망각으로 인도하게 되는데, 그것이 바로 형상에의 감응에 포착된 이미지의 궁극적인 실재이다. 따라서 형상은 시간을 포획하는 이미지의 절대적인 운동이다. 말하자면 박춘남 시인의 『생각, 샤워하다』에 묘사된 일련의 형상 이미지는 시간을 전유하는 사랑의 여율, 즉 "시간을 운전하는 아버지"의 뒷모습을 "방울진 눈물"로 위무하는 슬픔의 전언이다.

뜻하지 않게 "길 밖의 길"에 들어서 사랑과 공명했던 "사랑의 울림"이 곧 "아픈 물소리"였음을 직감하게 된다. 사랑은 차라리 기쁨이기보다는 아픔의 연속이라고 말해야 할 듯하다. 왜냐하면 사랑은 "착각"(「노끈」 중)이거나 "삭혀지지 않은 분노"(「폭식주의자」 중)로 중층 결정된 아주 이상한 잔여의 구성물에 지나지 않기 때문이다. 사랑의 "길이 아닌 길"에 들어선 채 제대로 "비명을 지르지 못하는/자신"(「동태凍太」 중)을 발견하게 된다. 아니 "일탈"(「꿰다」 중)을 꿈꾸지만, 늘 일상의 자리로 되돌아와 사랑을 번민하며 "상처"만을 매만진다. 사랑은 착각이고 환상이자, 시퍼렇게 "멍든 물"이다. 사랑은 "보일 듯 보이지 않"고 잡힐 듯 잡히지 않는 마물이다. 설령 시인의 사랑이 여성성에 응고된 그 무언가를 절실하게 갈구하지만, 그것을 잡았다고 생각한 순간 이미 손가락 사이에 빠져나가 빈손이라는 사실을 직감하게 된다. 어쩌면 박춘남 시인에게 사랑은 달콤한 환상이 살아 숨 쉬는 저쪽이 아니라, 가열한 욕망의 반복으로 점철된 "이생"의 어디쯤일지도 모른다.

"눈물"의 흔적들이 매만져지고 또 "어머니"와 "아버지"에 투사된 삶—시간—세계가 선명하게 떠오른다. 물론 여전히 생은 사랑의 어디쯤을 배회하는 "상승의 발뒤꿈치"(「나무, 수직일탈을 꿈꾸다」 중)를 뒤쫓겠지만, 따라서 "산다는 것은" 사랑의 기쁨만을 노래하다고 믿어졌던 "행복한 기화", 즉 눈물의 공식으로 수렴하는 역설의 과정인 것 또한 사실이지만, 시인은 이것을 통해서 새로운 삶의 구성법을 체득하게 된다. "상한 마음"(「숙성」 중) 추슬러 생에의 참된 의미를 성찰하게 된다. 다시 말해서 박춘남 시인이 전개한 일련의 시 말 운동은 형상에의 감응이 만들어낸 이미지의 구성력인데, 이는 사랑의 기표를 감성의 전언으로 고양시킨 숭고한 여성성의 한 측면이라 하겠다. 오늘 하루도 "눈물을 말려가는 연습"을 하며 생에 속한 모든 것들을 승화의 경지에 도달하게 만든다.

귀가 순해지자, 눈이 흐려진다. 하나를 얻고 또 다른 하나를 잃는다. 왜냐하면 형상에의 감응이 곧 존재에의 감응으로 나아가는 의식의 절대적인 통로이기 때문이다. 따라서 시 「무無 밭」은 두 개의 무 사이에서 깨달은 존재의 진리를 "연민"의 감성으로 노래하고 있는데, 그것은 생에의 의미를 구경하는 이미지의 진실이다. "주르르" "진물"이 흐른다. 아니 생은 선험적으로 기쁨에 관한 단상들로 구성된 사랑의 열락이 아니라, 사랑이 이후에 남는 환멸의 어디쯤에 기입된 "장마의 흔적"이다. 물론 "노안으로 시야"는 점점 더 흐려져만 가지만, 따라서 사물의 실상을 파악하는 "거리의 분별법" 또한 불명확해져 "어린 무를 호미"로 찍는 우발적인 사태가 빈번하게 되지만, 이는 "無"에 눈 뜨는 존재의 비경인지도 모른다. 왜냐하면 시인이 묘파한 일련의 형상 이미지의 내적 실재가 바로 "無"를 터득하는, 혜안에 이르는 지난한 과정의 산물이기 때문이다. 따라서 형상에의 감응은 존재에의 감응이자, 사랑의 이쪽과 저쪽을 자유자재로 넘나드는 감성의 유로 그 자체이다.

욕실 선반에 놓인 바구니 속
고여 있던 잡념을 더듬어 꺼내는데
불길한 예감의 각질이 만져졌다

필링 작업이 필요하겠다는 생각은
조만간 지진이 닥쳐오리라는 불길을 닮아서
밀어낼수록 깊어져 가는 찌든 망상

손가락 사이에 피는 게 거품꽃이니
천연 성분의 질 좋은 샴푸를 써야겠어
노보리베츠 지옥 계곡의 연기구름, 혹은
하릴없이 유황 냄새가 나도 좋아

생각이 자라 머리카락이 되는 것도
내 모발 부질없이 숱 많다는 것도
샤워 꼭지 아래 실개천으로 흐르면 어때
올곧은 정신 한 움큼이 필요해

싹둑 잘라버려도 괜찮을 생각들
그 다음 걱정 올올이 흔들어 헹군
말끔한 안도감에 윤기를 보태야겠어

가지런히 빗어 말리기로 한 사랑에

그대라는 린스를 바를 거야
이미 지나간 어제의 욕망에게도

— 「생각, 샤워하다」 전문

곡진하게 여성성을 시 말 속에 응고시키되, 그 모든 "말言의 껍질"(「구업口業」 중)을 새로운 의미의 구성법으로 쇄신시킨다. 물론 그것이 그리 쉽지만은 않다. 아니 시인의 형상에 이르는 행로는 고난이 그득한 지난한 행로일지도 모른다. 왜냐하면 그것은 새로운 시 말 길을 찾아가는 시인 특유의 언어감각을 선명하게 부조시키는 고유한 페르소나를 획득하는 과정이기 때문이다. 『생각, 샤워하다』가 표현하고 싶었던 형상의 정체가 사랑의 울타리라는 외연범주를 페미니즘, 즉 여성 특유의 감성의 전언으로 고양해나가는 과정에 체득된 언어의 감각이다. 때론 "불길한 예감의 각질"의 정체가 무엇인지 심문하면서, 때론 "잡념"의 어디쯤 응고된 이미지의 실체를 규명하면서, 시인은 자신만의 언어의 구성법을 고유한 필치로 그려나가고 있다.

"생각의 간격"(「부활의 날에」 중)을 다양한 체제로 만들고 또 "올곧은 정신"을 버린다. 물론 일련의 시 말들이 "순수와 권력의 비리"(「과음지대—발효되는 데는 어떤 부표도 필요치 않았다」 중) 사이를 넘나들고 또 "반어법 문장"과 "영탄법"(「북달개비꽃」 중)이 발화된 문장 사이에서 "나를 빠트린 첫사랑에 나는 잘못 길들여졌다"(「부활의 날에」 중)고 고백하고 있지만, 이는 감응이 일어나는 이미지 형상의 내적 실체, 즉 인간학이 표현되는 진실의 장소이다. 물론 『생각, 샤워하다』를 가득 채운 일련의 구성법 전체가 새로운 시 말 운동을 추동하기 위한 각고의 노력들로 빼곡하게 기록되어 있다는 사실이 결코 부인되지 않지만, 따라서 박춘남 시인에게 언어란 "생각"과 "망상" 사이에서 피어나는 미지의 행로인 것 또 엄존하는 사실이지만, 이는 이 세계와 감응하는 최적화된 언어의 구성법임에 틀림없다.

생각 그 자체를 샤워시켜 전혀 다른 차원의 언어를 시 말 속에 육화시킨다. 물론 생각의 깊이와 넓이를 일신하여 시 말 혁명을 추동하고 싶은 욕망이 전혀 없는 것도 아니지만, 그것은 생각에 생각을 전복하는, "거품꽃"이 "연기구름"이 되는, "사랑에/그대라는 린스"를 바르는, "지진"의 "불길"이 "유황냄새"로 전이되는 순간에 발생하는 전혀 예기치 못한 사태일 것이다. 왜냐하면 시인에게 시 말은 비존재의 욕구를 만족시키는 새로운 이미지의 축조술, 즉 형상의 개발법이기 때문이다. 생각을 샤워시키고, 기다림을 걸었으며, 또 무수히 많은 명사를 동사와 결합시켜 의미의 새로운 국면들을 형상화하기를 주저하지 않는다. 까닭은 명사와 동사가 오묘하게 재배치되는 바로 그 지점에 새로운 형상이 자리 잡고 있기 때문이다.

물론 지금 현재 박춘남 시인은 샤워하며 머릿결을 곱게 만들기 위해 샴푸로 필링 작업을 하고 있을지도 모른다. 불현듯 형상에 관한 일련의 이미지가 떠오른다. 생각을 말끔하게 샤워를 시킨다면, 과연 어떠한 형상 이미지가 부조될지 혹은 "흑색 침묵"으로 추락하게 될지 또는 "천상의 꽃"(「봄비 젖은 신문을 떼어 읽다」 중)이 피게 될지 모를 일이다. 대담하게 생각을 바다를 헤매며 말의 가능적 조건들을 탐색한다. 이를테면 시인의 그것은 상상력의 "퇴로退路"(「폭식주의자」 중)를 완벽하게 차단한 채 언어의 비약적 진보를 꿈꾸고 있는데, 그것이 바로 금번 상재한 『생각, 샤워하다』에 내파된 언어의 진실이다.

전인미답의 언어에의 길을 내고 싶다. 형상의 시인이 되어 형상에 관한 이미지의 제의를 고유한 시적 위의로 정립하는 시인의 사명을 완수하고 싶다. 아마 그것이 「自序」에서 말한 "거울의 생각"일 것이다. 진정한 "프로" "미용사"처럼 마음대로 모델을 아름답게 변신시킬 수 있는 언어의 제국에 돌입하기를 꿈꾸고 있었을 것이다. 그러나 언제나 언어는 "틈새의 번식"(「질긴 가문家門」 중)을 통해서 언어의 기획 전체를 좌절로 이끌지 모른다. 왜냐하면 그 난경과 마주한 곳에 시인의 사명이 올곧은 정신의 경지로 색인되어 평생을 언어에 봉사하는 수인으로 갇히기를 뮤즈는 원하기 때문이다.

어느새 이 빠진 사기 접시 같은 일상
빈 책장은 나의 자서전이다
— 「새 가슴」 일부

사랑한다 사랑하지 않는다 또 사랑한다
잎사귀 무성하던 옛노래도 넌 기억해 줘야 해
— 「꽃 차茶」 일부

나를 첫사랑이라며 머뭇거리는 그에게
칼 없이도 휘두른 말들
혀끝으로 준 아픔도 그러했겠지

—「통증을 엿보다」 일부

빈 지대 혹은 "회귀의 꿈"(「처마에 걸리다」 중). 결국 형상의 안쪽에 아무것도 남지 않는다. 결국 형상의 안쪽에 기입할 수 있는 것은 사랑이거나 아픔이거나 그리움의 전언일 것이다. "빈 책상" 앞에서 거울의 생각을 투사시킨다. 도대체 시인은 어떤 사명의 존재인가? 사랑의 사도인가? 금번 상재한 『생각, 샤워하다』를 구성하는 외적인 형식의 층위가 형상 이미지를 직조하는 언어의 정신성이라면, 형상의 안쪽에 기입된 일련의 서사는 바로 여성성에 응고된 사랑이었을 것이다. 그러나 시간은 우리를 빈 지대에 다다르게 만든다. 그러나 사랑을 사랑했던 마음도 이내 탈구되어 "자서전" 전체를 무로 기록하는 폐허에 도달하게 된다.

왜 그런가? 왜 박춘남의 그것은 여성성에 기입된 의미의 구조를 뤼스 이리가레나 주디스 버틀러처럼 저항의 정신성으로 무장하지 않고 사랑 그 자체를 아련하게 추억하는가? "비워지길 꿈꾼다." 모든 의미의 형상을 비워 생에 관한 모든 기록을 무에 응고시키는 것이 최선의 방책인 것 같다. 그러므로 생은 비워지는 과정의 소산이지 끊임없이 채우는 능산의 결과물이 결코 아니다. 시인의 시선점이 페미니즘 저 너머를 응시하며 조응이라는 경지에 형상 이미지를 안치시킬 수 있었던 것도 생에의 형식이 "빈 책상"이 되어 가는 과정임을 깨달았기 때문은 아닐까?

물론 여전히 그/녀에게 "사랑한다 사랑하지 않는다"는 잔여의 공식이 문제로 남아 늘 분란을 일으킬 소지가 없지 않았지만, 그 잔여가 부재하다면 이 세계가 얼마나 황량한지 생각해보라. 사랑은 더 나아가 "옛사랑"의 "기억"은 여전히 생을 살아가야할 아직 남은 목적은 아닐까? 사랑의 저쪽에 기입된 환상의 제의를 염원하는 것이 아니라, 바로 지금 여기 이 순간을 사랑하는 이쪽이 형상의 진실은 아닌지? 흔들리는 "일상"을 응시한다. "황망히 내쫓길 저 책"처럼 우리도 언젠가 시간의 저쪽으로 사라져 "옛 노래"를 아스라이 추억하게 될지도 모른다.

설령 그 사랑의 심연에 기입된 의미의 날것들이 "아픔"이고 "놀라움"일지라도, 사랑의 형상을 추억하는 것만으로 우리는 이내 저 숭고한 조응의 경지에 도달한 것은 아닐까? 더 나아가 박춘남 시인이 전개한 일련의 시 말 운동은 형상 이미지로 구축한 그리움의 전언은 아니었을까? 문득문득 형상 이미지를 새로운 구성법으로 축조하며 『생각, 샤워하다』를 "거울의 생각"으로 투사시켰지만, 그 모든 것이 바로 생을 사랑의 이쪽에 위치시키는 여성성의 순정한 의식은 아니었을까?

여전히 "첫사랑"의 어디쯤에서 머뭇거린다. 여전히 사랑은 "무딘 일상"을 "스무 살 교정"의 어디쯤으로 데려가 안온한 몽상을 꿈꾸게 만든다. 물론 아직도 첫사랑의 화인의 상처가 아픔으로 남아 애잔한 "그리움의 끝"에 당도

하겠지만, 박춘남 시인에게 사랑은 존재의 이유이자, 다시 삶을 살아가게 만드는 궁극적인 원인이다.

> 물컹 솟던 그리움의 끝은
> 언제나 쓰리고 아프다
>
> — 「통증을 엿보다」 일부

형상시인선 18 박춘남 시집
생각, 샤워하다

인쇄| 2018년 2월 24일
발행| 2018년 2월 28일

글쓴이| 박춘남
펴낸이| 장호병
펴낸곳| 북랜드
06252 서울 강남구 강남대로 320 황화빌딩 1108호
대표전화 (02) 732-4574 | (053) 252-9114
팩시밀리 (02) 734-4574 | (053) 252-9334

등 록 일| 1999년 11월 11일
등록번호| 제13-615호
홈페이지| www.bookland.co.kr
이-메 일| bookland@hanmail.net

책임편집| 김인옥
교 열| 배성숙

ⓒ 박춘남, 2018, Printed in Korea
저자와의 협의하에 인지를 생략합니다.

ISBN 978-89-7787-750-4 03810
값 10,000 원